Schlesien in 1000 Bildern

1. Schlesische Städte
2. Die Hauptstadt Breslau
3. Industrieregion Schlesien
4. Der ländliche Raum
5. Die Sudeten
6. Reiseland Schlesien

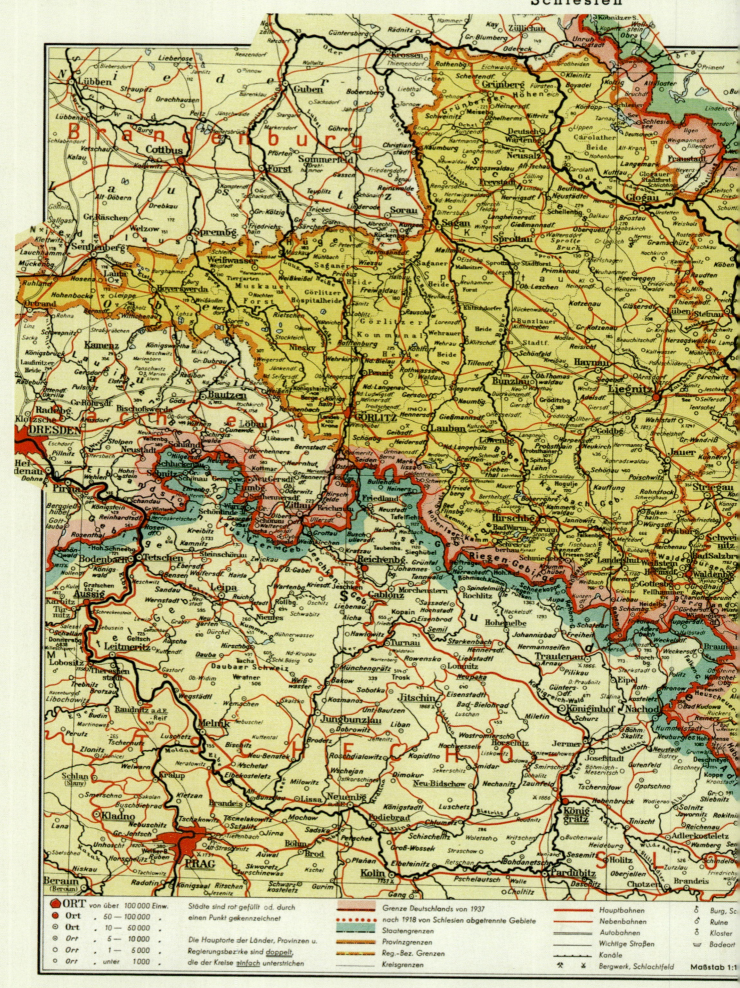

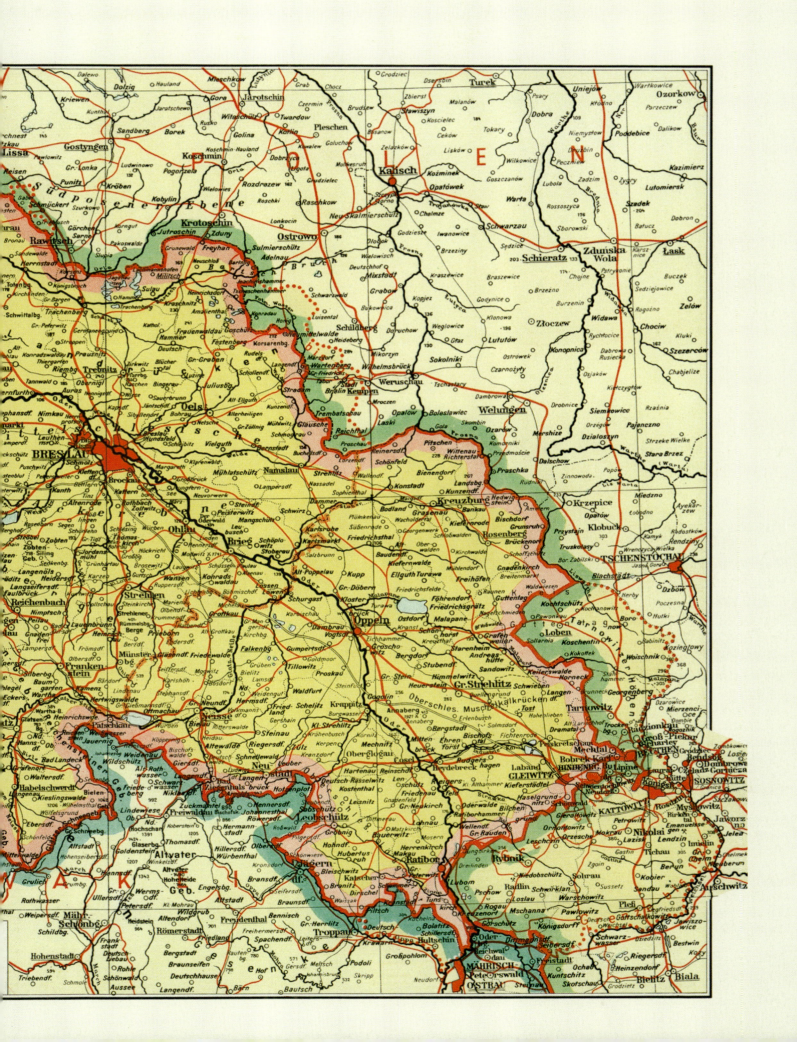

Impressum

Math. Lempertz GmbH
Hauptstr. 354
53639 Königswinter
Tel.: 02223 / 90 00 36
Fax: 02223 / 90 00 38
info@edition-lempertz.de
www.edition-lempertz.de

Alle Rechte vorbehalten. Ohne ausdrückliche Genehmigung des Verlages
ist es nicht gestattet, das Buch oder Teile daraus zu vervielfältigen oder auf
Datenträger aufzuzeichnen.

1. Auflage August 2010
© 2010 Mathias Lempertz GmbH

Bildrecherche, Texte und Redaktion: Silke Findeisen
Alle Bilder entstammen dem Archiv des Vereins Haus Schlesien
und wurden von dem Verein zur Verfügung gestel t.

Satz und Layout: Ralph Handmann
Umschlaggestaltung/Lithografie: Sabine Köse
Lektorat: Sarah Petrovic
Druck: GFD Media

ISBN: 978-3-941557-20-8

Schlesien

Für den einen die Heimat, für den anderen ein unbekanntes Land, ist Schlesien für beide Personengruppen eine Reise wert. Wer nicht gleich losfahren kann, möge sich auf eine Reise in 1000 Bildern begeben, ganz bequem auf dem heimischen Sofa.

Schon Goethe sprach von dem zehnfach interessanten Land. Die Vielfältigkeit Schlesiens ist bedingt durch seine Lage zwischen Ost und West, wodurch es schon immer einerseits einen Schnittpunkt der Kulturen darstellte, andererseits immer wieder zum Spielball der benachbarten Mächte wurde.

Geographisch betrachtet entspricht Schlesien in etwa dem Einzugsgebiet der oberen und mittleren Oder und deren Nebenflüssen. Die Oder bildet sozusagen die Achse Schlesiens, häufig wird das Bild des Eichenblattes verwendet, in dem die Oder mit ihren Nebenflüssen die Blattadern darstellt. Während im Süden die Sudeten eine natürliche Grenze bilden, fehlt eine solche im Norden, Westen und Osten, weshalb sich die Grenzen Schlesiens über die Jahrhunderte immer wieder verschoben haben.

Den Gebirgszügen der Sudeten ist ein Hügelland mit fruchtbaren Ackerböden vorgelagert. Das von der Oder durchflossene Flachland wird nur durch zwei Erhebungen, den Annaberg und den Zobten durchbrochen. Im Norden schließt der schlesische Landrücken an.

Der Name Schlesien leitet sich wohl von den Silingern ab, einem germanischen Volk, welches ab dem 2. Jahrhundert vor Christus dieses Gebiet besiedelte. Es folgten ab dem 6. Jahrhundert nach Christus slawische Volksstämme. Die angrenzenden Königreiche Polen und Böhmen beanspruchten Schlesien jeweils für sich, was zu ständigen Auseinandersetzungen führte, die erst durch den Pfingstfrieden von Glatz 1137 beendet wurden, in dem Schlesien endgültig zu Polen kam. Kurz darauf teilte der polnische König sein Reich unter seinen vier Söhnen auf, ein Teilgebiet stellte Schlesien dar. Es ging an den ältesten Sohn Wladislaw, der damit als Stammvater der schlesischen Piasten gilt.

Zu den bedeutendsten schlesischen Piasten zählte Heinrich I., der mit Hedwig von Andechs, die heute als Schutzpatronin der Schlesier gilt, vermählt war, sowie deren Sohn Heinrich II., der in der Mongolenschlacht 1241 fiel.

Seit dem Ende des 12. Jahrhunderts holten die schlesischen Piasten gezielt deutsche Siedler ins Land, die die Entwicklung des bis dahin dünn besiedelten und rückständigen Landes vorantreiben sollten. Den Anfang machten Zisterziensermönche aus dem thüringischen Pforta, die 1175 das Kloster Leubus gründeten. Im folgenden Jahrhundert kamen mehr und mehr deutsche Siedler nach Schlesien, es kam zur Gründung zahlreicher Städte und Dörfer, zur Einführung der effizienteren Dreifelderwirtschaft und zum Ausbau des Handels und der Infrastruktur in der Region.

Die nach dem frühen Tod Heinrich II. einsetzende Aufteilung des Herzogtums Niederschlesien in immer neue Teilherrschaften führte schließlich dazu, dass sich bis 1327 alle Teilfürstentümer der böhmischen Krone unterstellten. Diese fiel 1526 an die Habsburger.

In der Zeit der Reformation wurde Schlesien überwiegend evangelisch, doch mit dem Dreißigjährigen Krieg wendete sich das Blatt und den Protestanten wurde der katholische Glauben aufgezwungen. Viele Protestanten flüchteten über die Grenze nach Polen. Erst im Westfälischen Frieden von 1648 wurde den Protestanten der Bau dreier sogenannter Friedenskirchen zugestanden. In Jauer, Glogau und Schweidnitz entstanden je eine Kirche, die den strengen Auflagen gemäß nur aus Holz und Lehm und ohne Turm gebaut werden durfte.

Zu dieser Zeit entstanden parallel zahlreiche prächtige katholische Barockkirchen. Erst die Altranstädter Konvention von 1707 erlaubte den Bau sechs weiterer sogenannter Gnadenkirchen.

Nach dem Tod des Habsburgers Karl IV. und der Regierungsübernahme durch Maria Theresia witterte Friedrich II. die Chance seinen Machtbereich zu erweitern, meldete Erbansprüche an Schlesien an und marschierte 1740 in Schlesien ein. Außer den Herzogtümern Teschen, Troppau und Jägerndorf fiel Schlesien an Preußen. Es folgten zwei weitere Kriege (1744 - 45 und 1756 - 1763), die jedoch keine Veränderung der Besitzverhältnisse brachten. Unter Friedrich II. kam es zu weitreichenden Veränderungen in Schlesien. So schaffte er das alte ständische System ab und führte eine klare Verwaltungsgliederung ein, ferner wurde unter ihm die Religionsfreiheit garantiert sowie eine Förderung der Wirtschaft betrieben.

Der sich Ende des 19. Jahrhunderts ausbreitende Nationalismus führte vor allem in Oberschlesien, wo Deutsche und Polen, aber auch zahlreiche Menschen mit einem schwebenden Volkstum lebten, zu Konflikten. Zu Beginn des 20. Jahrhunderts traten diese nationalen Gegensätze immer deutlicher zutage. Nach dem Ersten Weltkrieg wurde im Versailler Vertrag die Wiederherstellung des polnischen Staates beschlossen. Basierend darauf forderte man auch den Anschluss Oberschlesiens mit der Argumentation der überwiegende Teil der dort lebenden Bevölkerung seien ethnische Polen. Da diesen Ansprüchen nicht entsprochen wurde, kam es zu heftigen Kämpfen. Schließlich wurde 1921 eine Volksabstimmung über die Zugehörigkeit Oberschlesiens abgehalten, bei der knapp 60% für den Verbleib bei Deutschland votierten. Das den Interessen Polens zuwiderlaufende Ergebnis führte zum dritten polnischen Aufstand, der in dem Kampf um den Annaberg gipfelte. Die

Alliierten beschlossen daraufhin die Teilung Oberschlesiens. Etwa ein Drittel der Region, der größte Teil des Industriegebietes, kam zu Polen. Nach seiner Machtergreifung holte Hitler nicht nur die abgetretenen Regionen „heim ins Reich", sondern annektierte auch gewaltsam urpolnische Gebiete, mit dem Ziel, aus ihnen rein deutsche Gebiete zu machen. Schlesien wurde während des Zweiten Weltkrieges lange von den Kampfhandlungen verschont. Erst zum Kriegsende erlitten zur Festung ernannte Städte wie Breslau oder Glogau gravierende Zerstörungen.

Heute ist die Region Schlesien über die vier Woiwodschaften Niederschlesien, Oberschlesien, Oppeln und Lebus verteilt. Die zerstörten Städte sind weitgehend restauriert und im zusammenwachsenden Europa nimmt Schlesien wieder eine Brückenfunktion zwischen Ost und West ein.

Schlesische Städte

Die Physiognomie einer Stadt ist in starkem Maße von ihrer Geschichte und der Geschichte der Region geprägt. So sind Städte im Bezug auf ihre Architektur, Infrastruktur und Bedeutung immer Spiegelbild der wirtschaftlichen, politischen und kulturellen Entwicklung über die Jahrhunderte hinweg. In besonderer Weise trifft dies auf die schlesischen Städte zu, in denen bis heute die Spuren der wechselvollen Geschichte Schlesiens deutlich erkennbar sind.

Bis zum Beginn des 12. Jahrhunderts war Schlesien nur dünn besiedelt, kleinere Dörfer entstanden in der fruchtbaren schlesischen Ackerebene, im Umfeld der Burgen bildeten sich größere Siedlungen als Handelsplätze. Von Städten im heutigen Sinne kann aber noch nicht gesprochen werden.

Die Gründungen der Klöster im späten Mittelalter leisteten einen wichtigen Beitrag zur Besiedlung des Landes. 1163 ließ der schlesische Herzog von Zisterziensermönchen aus Pforta das Kloster Leubus gründen, ausgehend von diesem erfolgten weitere Klostergründungen. Eine rege Kolonisations- und Siedlungtätigkeit, die die schlesischen Herzöge, insbesondere Heinrich I., im Interesse des Landesausbaus förderten, nahm von hier ihren Ausgang. Neben Dörfern gründeten die Herzöge neue Städte, welche mit rechtlichen Privilegien, wie Selbstverwaltung, Marktrecht etc. ausgestattet wurden. Durch die Stadtbefestigungen kam zu den rechtlichen Privilegien eine sichtbare Abgrenzung zum Land hinzu.

Im Laufe des 13. Jahrhunderts setzte sich das Magdeburger Stadtrecht im schlesischen Raum weitgehend durch. Zu den ältesten deutschrechtlichen Städten in Schlesien gehören die Bergstädte Goldberg und Löwenberg, wo damals Erzabbau betrieben wurde. Entlang bedeutender Handelswege, wie der von Görlitz am Gebirgsrand entlang führenden Hohen Straße, wurde in gleichmäßigen Abständen eine Kette von Städten gegründet. So entstanden im Laufe des Jahrhunderts rund 130 Städte in Schlesien, sowie ein Vielfaches an Dörfern. Ein deutliches Bevölkerungswachstum sowie die Ausbildung des Fernhandels begünstigten diese dynamische Entwicklung.

Die Städte wurden planmäßig angelegt: Auf dem im Zentrum befindlichen rechteckigen Marktplatz, in Schlesien als Ring bezeichnet, liefen die durch die Stadttore führenden Straßen zusammen. Um den Ring herum, in dessen Mitte das Rathaus stand, entstand ein regelmäßiges Netz sich rechtwinklig kreuzender Straßen. Zum Schutz wurde die Stadt mit Stadtmauer und Graben umgeben. Topographische Gegebenheiten wie Berge und Flüsse erforderten ebenso wie bereits bestehende Kirchen und Klöster eine Anpassung des Stadtgrundrisses, so dass nicht alle mittelalterlichen Stadtgründungen diesen idealtypischen Grundriss aufweisen. Einigen schlesischen Städten liegt auch eine andere Planform zugrunde. Hier führt die Handelsstraße durch die Siedlung hindurch und erweitert sich in der Mitte zu einem langgestreckten Marktplatz.

Die Städte erlebten im 14. Jahrhundert eine erste wirtschaftliche Blüte. Dieser Aufschwung geschah vor dem Hintergrund zunehmender politischer Zersplitterung, die den Städten größeren Spielraum einräumte. Bedeutung erlangten sie vor allem als Handelsplätze. Einigen Städten wie z. B. Breslau, Schweidnitz oder Neisse kam aufgrund ihrer Lage an wichtigen Fernhandelswegen, wie der Hohen Straße oder der Bernsteinstraße, überregionale Bedeutung zu.

Dieser Hochphase folgte eine Zeit der Stagnation. Seuchen und kriegerische Auseinandersetzungen, wie die Hussitenkriege und jahrzehntelange Auseinandersetzungen um die böhmische Königskrone, bewirkten einen starken Bevölkerungsrückgang und eine wirtschaftliche Krise. Hinzu kamen hohe Ausgaben für die Verstärkung der Stadtbefestigungen angesichts der drohenden Türkengefahr. Ferner wurden durch Raubrittertum die Handelswege unsicher, was zur Verlagerung der Handelsrouten nach Norden führte und damit zum Bedeutungsverlust mancher Handelsstädte.

Erst im 16. Jahrhundert erfolgte eine Erholung und eine erneute Phase des wirtschaftlichen Aufschwungs. Die politischen Verbindungen nach Ungarn und die Verbesserung der Verkehrssituation förderten den Handel. Daneben entwickelte sich in den Städten ein differenziertes Handwerksgewerbe. Dies spiegelt sich in manchen Städten bis heute im Stadtbild wider. In der Blütezeit des Handwerks entstanden prächtige Bürgerhäuser und Kirchen. Das Rathaus als Symbol der Selbstverwaltung und Unabhängigkeit der Städte erhielt einen zentralen Platz in der Mitte des Rings.

Nach dem Dreißigjährigen Krieg verloren die Städte als Wirtschaftsfaktor an Bedeutung. Sowohl das Zunftwesen als auch die Konkurrenz des Dorfhandwerks verhinderten eine rasche wirtschaftliche Erholung. Nur dort, wo die Textilproduktion blühte, gelang ein erneuter Aufschwung. Der Abbau der Bodenschätze hingegen und die Förderung der Manufakturen wurden kaum betrieben. Gegen Ende des 17. Jahrhunderts erwachte unter der Herrschaft der Gegenreformation eine rege Bautätigkeit. Insbesondere im Auftrag der Orden entstanden prunkvolle Barockbauten, die die Macht des Katholizismus auch nach außen sichtbar machten.

Nach den drei schlesischen Kriegen Mitte des 18. Jahrhunderts, in denen Preußen und Österreich um Schlesien kämpften, förderte Friedrich II. den Wiederaufbau der Städte, die Wirtschaft, insbesondere Bergbau und Hüttenwesen, sowie das Militärwesen. Bis heute sind die Spuren dieser Entwicklung sichtbar. Die Befestigungsanlagen und militärischen Gebäude prägen das Stadtbild ehemaliger Festungsstädte wie Neisse oder Glatz. Die durch die Preußen gewährte Religionsfreiheit hatte zudem den Bau zahlreicher Bethäuser, Kirchen und Pfarrhäuser zur Folge.

Mit Beginn des 19. Jahrhunderts verändert sich die Physiognomie der Städte deutlich gegenüber ihrem mittelalterlichen Erscheinungsbild. Waren die Städte bis dahin sichtbar vom Umland abgetrennt, dehnten sie sich nun als Folge der Industrialisierung und des Bevölkerungswachstums über die alten Stadtgrenzen hinaus aus. Die Übergänge zum ländlichen Raum gestalteten sich fließend. Prägende Faktoren waren Eingemeindungen, Stadterweiterungen und der Aufbau einer neuen Verkehrsinfrastruktur. Die Schleifung der Festungen führte, beginnend in Breslau 1807, zu einer deutlichen Veränderung des Stadtbildes. In den meisten Städten entstanden auf dem Gelände der einstigen Festungsanlagen wichtige öffentliche Gebäude, Grünanlagen und Promenaden. Lediglich die eigentlichen Festungsstädte Glatz, Neisse, Cosel und Glogau behielten ihre Festungsanlagen. Diese Städte waren bis zur Aufhebung der Festungsanlagen in ihrem Wachstum stark eingeschränkt und blieben in der industriellen Entwicklung hinter anderen Städten zurück. Die um 1850 einsetzende Industrialisierung ist nach dem Mittelalter die zweite bedeutende Phase der Stadtentwicklung in Schlesien. Zunächst setzte aufgrund des deutlichen Bevölkerungsanstiegs ein räumliches Wachstum der Städte ein. Ein Prozess der anfangs nicht planmäßig stattfand, sondern vielmehr entlang der Ausfallstraßen, in der Nähe der Bahnhöfe oder der neu entstandenen Industrien. Die Intensität der Bevölkerungszunahme hing stark von der jeweiligen Wirtschaftsstruktur ab. Durch sekundäre Wirtschaftsfaktoren gekennzeichnete Städte erlebten ein deutlich stärkeres Wachstum als vom tertiären Sektor geprägte. Rohstofflager und Eisenbahnverbindungen waren wichtige Faktoren für die wirtschaftliche Entwicklung der Städte. In dieser Zeit erhielten einige Industriegemeinden aufgrund ihrer wachsenden Ausdehnung und Bedeutung Stadtrecht. Als große Leistung dieser Entwicklungsphase aber gilt der Ausbau der kommunalen Infrastruktur: Kanalisation, Elektrizität, Gas- und Wasserversorgung, der Ausbau von Straßen sowie des öffentlichen Nahverkehrs oder die Einrichtung von Museen, Bibliotheken, Schulen und Krankenhäusern.

Das rasche Wachstum der schlesischen Städte wurde im 20. Jahrhundert durch zwei Weltkriege und die Weltwirtschaftskrise unterbrochen. Der Friedensvertrag von Versailles 1919 und insbesondere der Genfer Schiedsspruch 1921, der zur Teilung Oberschlesiens führte, veränderte die Stadtlandschaft in dieser Region nachhaltig. Drastischer Wohnraummangel infolge des Zuzuges der ländlichen Bevölkerung sowie der Flüchtlinge aus Ostoberschlesien während der Zeit der Weimarer Republik lösten in den städtischen Zentren und Industriestädten Schlesiens einen Bauboom aus.

Das als „Glätzisches Jerusalem" bekannte Albendorf am Fuße des Heuscheuergebirges ist, seit im 12. Jahrhundert der blinde Jan vor einem Marienbild sein Augenlicht zurückerhalten hat, ein Wallfahrtsort.

Die Kirche „Mariae Heimsuchung" in Albendorf wurde zwischen 1715 und 1730 von Franz Anton Reichsgraf von Götzen errichtet und 1936 in den Rang einer päpstlichen „Basilica Minor" erhoben.

Bad Altheide wurde erst im 19. Jahrhundert zum Kurort ausgebaut. Die kohlensäurehaltigen Quellen wurden bei Herz- und Nervenleiden zu Trinkkuren und Bädern genutzt.

Die kleine Stadt Auras war aufgrund ihrer Lage an der Oder vor allem Sitz zahlreicher Schiffseigner und einer Schiffswerft, blieb sonst aber wirtschaftlich unbedeutend.

Nach einem verheerenden Stadtbrand in Beuthen a. d. Oder 1694 musste das Rathaus neu errichtet werden. Zu dieser Zeit entstanden auch die klassizistischen und barocken Bürgerhäuser am Ring.

Die Feierlichkeiten zur Einweihung der Oderbrücke in Beuthen an der Oder am 16. Juni 1907.

Die Laurentius-Schrotholzkirche stammt aus Mikultschütz und wurde 1901 im Stadtpark von Beuthen O/S aufgestellt, wo sie zeitweise als Museum für kirchliche Altertümer genutzt wurde.

Bereits 1868 entstand in Beuthen O/S eines der ersten Hallenbäder der Region. Das abgebildete neue Hallenbad von 1934 war damals das größte Hallenbad in Oberschlesien.

Die Wirtschaft der Stadt Beuthen O/S wurde vor allem durch den seit 1136 belegten Bergbau geprägt, der im 19. Jahrhundert Industriebetriebe anzog.

Vom Kaiser-Franz-Josef- Platz in Beuthen O/S führt die belebte Gleiwitzer Straße zum Ring hin.

In der früher zu Österreichisch-Schlesien gehörenden Stadt Bielitz hat die Textilproduktion eine sehr lange Tradition gehabt.

Vor allem durch die malerisch über der Stadt gelegene Bolkoburg hat sich die kleine Landstadt Bolkenhain am Rande des Riesengebirges zu einem beliebten Touristenziel entwickelt.

An der Westseite des Ringes in Bolkenhain sind die für schlesische Handelsstädte typischen Häuser mit Laubengängen noch erhalten.

Die gusseiserne Brücke, die in Brieg über die Oder führt, wurde 1894/95 erbaut.

15

Die zwischen 1724 und 1730 erbaute Orgel in der St. Nikolai Kirche in Brieg ist das bedeutendste Werk des großen schlesischen Orgelbaumeisters Michael Engler.

Das Rathaus in Brieg wurde in seiner heutigen Form 1570 durch den Italiener Jakob Pahr im Stil der Renaissance errichtet.

Als Brücken- und Zollort an der Hohen Straße entwickelte sich die um 1250 gegründete Stadt Bunzlau im Mittelalter zu einem wichtigen Handelsplatz.

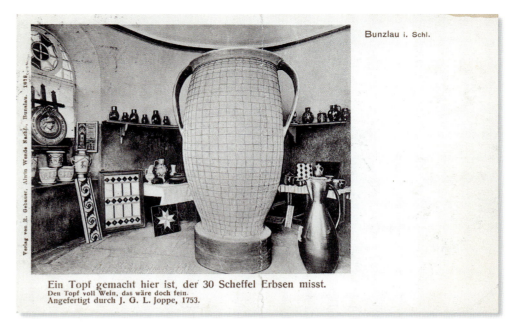

Die bis heute gepflegte Töpfertradition reicht bis ins 16. Jahrhundert zurück. Großer Bunzlauer Topf gefertigt durch J. G. Joppe, 1753.

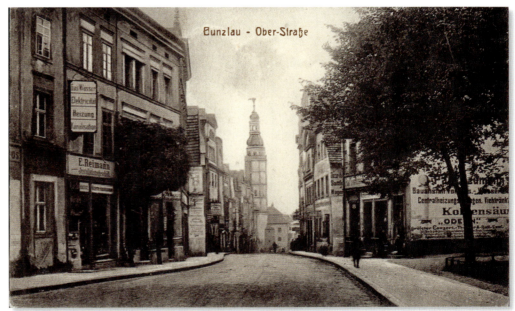

Die Ober-Straße in Bunzlau führt geradewegs auf das im 16. Jahrhundert erbaute und später im Barockstil umgestaltete Rathaus zu.

Im Zentrum der Stadt Bunzlau ist der fast 1 ha große rechteckige Ring angelegt worden, in dessen Mitte schon um 1457 ein steinernes Rathaus stand.

Nahe des einstigen Obertors in Bunzlau liegt die katholische Stadtpfarrkirche zu St. Mariae. Vom Kirchplatz blickt man zu dem zwischen 1525 und 1535 erbauten Rathaus.

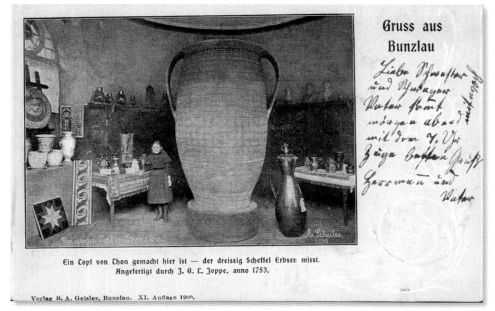

Die Besonderheit der Bunzlauer Töpferware besteht in dem verwendeten Ton, der eine hohe Brenntemperatur erlaubt, wodurch besonders haltbare und feuerfeste Gefäße entstehen.

Die Stadt Bunzlau, weltweit bekannt für ihre Keramikprodukte gilt als „Stadt des guten Tons".

Herzog Carl Christian Erdmann von Württemberg-Oels ließ 1747 ein Jagdschloss errichten. Darum herum entstand in den folgenden Jahrzehnten ein Residenzort, der in Namen und barockem Grundriss an Karlsruhe in Baden erinnerte.

Der im Waldenburger Bergland gelegene Ort Charlottenbrunn, dessen Heilquelle 1654 erstmals erwähnt wird, entwickelte sich im 19. Jahrhundert zum beliebten Kurort, in dem auch mancher prominente Zeitgenosse abstieg.

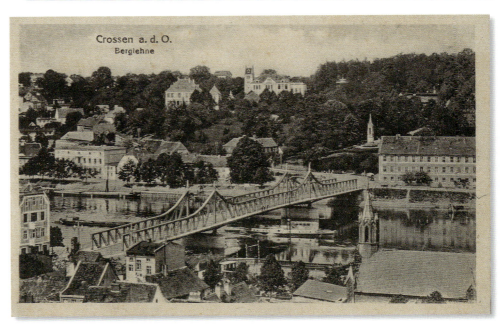

Die 1905 eingeweihte Eisenbrücke über die Oder ist das Wahrzeichen der an der Bobermündung gelegenen Stadt Crossen.

19

Seit dem 13. Jahrhundert wurde an den Oderhängen bei Crossen Wein angebaut.

Das Schloss in Deutsch-Lissa, nahe Breslau, beherbergte häufig bekannte Persönlichkeiten. So hat auch Friedrich II. in der Nacht nach der Schlacht bei Leuthen (1757) im Schloss übernachtet.

Das direkt an der Oder gelegene Schloss Dyhernfurth wurde im 19. Jahrhundert im Stil der französischen Loireschlösser umgebaut.

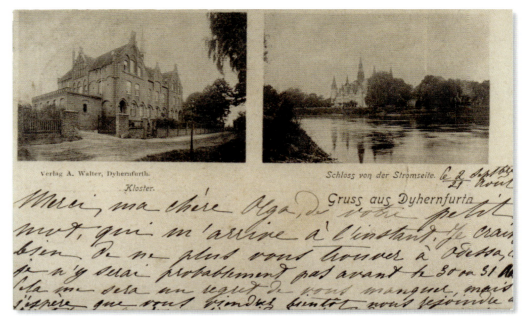

Die Stadt Dyhernfurth hatte große Bedeutung für das schlesische Judentum. Hier erschien ab 1687 die erste jüdische Zeitung.

Die Stadt Dyhernfurth erhielt 1874 Anschluss an die Eisenbahnlinie von Breslau nach Glogau und von dort weiter nach Berlin.

Der an einer Oderfurt gelegene Ort Dyhernfurth wurde 1663 zur Stadt erhoben. Bereits im 15. Jahrhundert ist die Gerechtsame für eine Oderfähre erwähnt.

Als Stadt ist Falkenberg erstmals 1290 urkundlich belegt. Aufgrund der verkehrsungünstigen Lage entstand damals nur eine kleine Stadt, die auch im Laufe der Jahrhunderte keine größere wirtschaftliche Bedeutung erlangte.

Im 14. Jahrhundert war die Burg in Falkenberg Residenz eines selbstständigen Herzogtums. Ab 1581 im Besitz Kaspar von Pücklers wurde die Schlossanlage im Renaissancestil aus- und umgebaut.

Falkenberg ist eine jener Städte, die nicht den typischen rechteckigen Ring aufweist, sondern einen länglichen Marktplatz, entlang der Durchgangsstraße.

Festenberg, 1293 durch Herzog Heinrich I. von Glogau nach deutschem Recht gegründet, hat sich nach dem Weggang der Tuchmacher Mitte des 19. Jahrhunderts auf die Möbelherstellung spezialisiert und entwickelte sich zur „Tischlerstadt".

Festenberg, Schles.   Badeanstalt, Landwirtschaftsschule, evang. Schule

Die evangelische Kirche „Zum Kripplein Christi" in Festenberg geht auf eine Stiftung der Herzogin Eleonore Charlotte von Oels zurück. Gleichzeitig entstand um 1691 die evangelische Schule.

Bad Flinsberg   Blick vom Kurhaus

Die Heilquellen Flinsbergs waren schon Mitte des 16. Jahrhunderts bekannt, der Ausbau zum Kurort erfolgte aber erst im 18. Jahrhundert.

Das neue Kurhaus in Bad Flinsberg wurde 1899 eingeweiht.

Die Wandelhalle im Kurhaus von Bad Flinsberg bot den Besuchern einen herrlichen Ausblick über die Parkanlage hinweg auf das Isergebirge.

Der im Hintergrund sichtbare schiefe Glockenturm der St. Anna-Kirche hat die Stadt Frankenstein zum „schlesischen Pisa" gemacht.

Die öffentliche Badeanstalt der in der fruchtbaren Ebene im Vorland des Eulengebirges gelegenen Stadt Frankenstein.

Die vermutlich schon vor 1228 gegründete Stadt Freiburg wurde bei einem großen Stadtbrand 1774 fast vollständig zerstört und in den Folgejahren neu aufgebaut. Bekannt wurde sie durch die Mitte des 19. Jahrhundert entstandene Uhrenfabrikation.

Das auf ca. 500m Höhe gelegene Bergstädtchen Freiheit verdankt seine Entstehung im 16. Jahrhundert dem Goldbergbau.

Vorgängersiedlung der um 1260-65 gegründeten Stadt Freystadt, war das Waldhufendorf Siegersdorf. Aufgrund ihrer Randlage erlangte sie nie größere wirtschaftliche Bedeutung, weshalb auch die Stadtmauer weitgehend erhalten blieb.

Am Fuße des Isergebirges gelegen, erlangte der Leinenhandel in der Kleinstadt Friedeberg am Queis im 18. Jahrhundert einige Bedeutung.

Durch seine Lage am Oberlauf des Queis wurde die Stadt Friedeberg häufiger von Überschwemmungen heimgesucht.

Das im oberschlesischen Industriegebiet gelegene Friedenshütte ist ein reiner Industrieort mit mehreren Hütten und Gruben.

Die ältere Geschichte und die Gründung der Landstadt Friedland O/S liegen im Dunkeln, ein erster urkundlicher Beleg einer Kirche stammt von 1335.

Im oberen Steinetal bei Waldenburg liegt das Städtchen Friedland nahe der Grenze zu Böhmen. Durch die Grenzlage ist die Stadt immer wieder durch kriegerische Auseinandersetzungen in Mitleidenschaft gezogen worden.

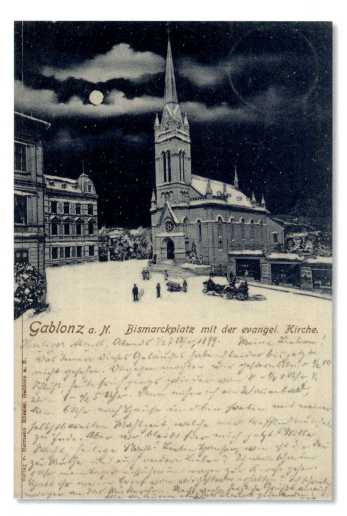

Im Quellgebiet der Görlitzer Neiße gelegen, am Rande des Isergebirges, war die Glasherstellung in Gablonz der wichtigste Wirtschaftszweig.

Die Wassertorstraße in Glatz führt vom Mühlgraben hinauf zum Ring. Um 1250 wurde auf der Insel zwischen Glatzer Neiße und Mühlgraben ein Minoritenkloster gegründet.

Die bis heute das Stadtbild von Glatz dominierenden Festungsanlagen wurden unter Friedrich II. stark erweitert und verstärkt.

Nachdem das alte Rathaus in Glatz niedergebrannt war, wurde 1887 bis 1890 rund um den alten Turm ein repräsentativer Neubau im Neurenaissancestil errichtet.

Die katholische Pfarrkirche Mariä Himmelfahrt in Glatz wurde zwischen 1362 und 1430 errichtet. In der zweiten Hälfte des 17. Jahrhunderts erfolgte eine weitgehende Barockisierung.

Glatz, 981 als „castellum Kladzco" gegründet, gilt als ältester geschichtlich bezeugter Ort Schlesiens. Die Aussetzung zur deutschen Stadt erfolgte im 13. Jahrhundert, die Stadtanlage entspricht dem typischen Grundriss mit rechteckigem Ring und in dessen Zentrum befindlichen Rathaus.

Von Beginn an war das 981 erstmals erwähnte Glatz ein Ort von militärstrategischer Bedeutung und wurde schon früh zur Festung ausgebaut.

Das Kaiser-Wilhelm-Denkmal in Glatz hat „die dankbare Grafschaft dem Großen Kaiser " 1910 gewidmet. Es ist gleichzeitig eine Ehrung für die in den Kämpfen 1864, 1866 und 1870/71 gefallenen Glatzer.

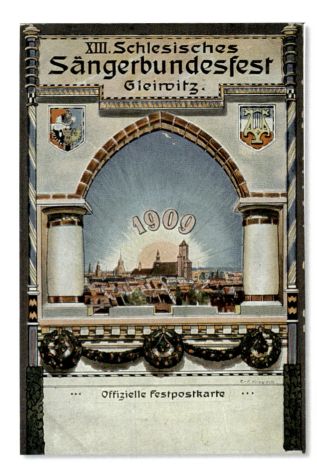

1909 fand in Gleiwitz das 13. Schlesische Sängerbundfest statt, zu dem auch diese offizielle Postkarte erschien.

Gleiwitz entwickelte sich im 19. Jahrhundert zur bedeutenden oberschlesischen Industriestadt. Hier wurde 1796 der erste Hochofen des europäischen Festlandes in Betrieb genommen.

Die Mannschaft des Gleiwitzer Turnvereines „Vorwärts" vor der Turnhalle in der Kreidelstraße.

Die Friedenskirche „Zum Schifflein Christi" in Glogau fiel Mitte des 18. Jahrhunderts den Flammen zum Opfer. Die neue evangelische Kirche wurde nach einem Entwurf von Carl Gotthard Langhans gebaut.

Das Militär prägte lange Zeit die Festungsstadt Glogau, 1885 wurde die Preußische Kriegsschule von Erfurt nach Glogau verlegt.

Die Stadt Glogau verfügte über eine große Zahl von Bildungseinrichtungen. Darunter auch das staatliche katholische Gymnasium für Jungen, seit 1926 „Fridericianum" genannt.

Als um 1900 dann schließlich fast alle Festungsanlagen in Glogau aufgehoben wurden, entstand um die Innenstadt herum ein Grüngürtel. In der Parkanlage im Friedenstal befand sich dieses idyllische Ausflugslokal.

Die Stadt Glogau wird als „urbs Glogua" 1010 erstmals urkundlich erwähnt. Einst war die spätere Festungsstadt einer der bedeutenden Handelsplätze in Schlesien.

Über die schmiedeeiserne Oderbrücke hinweg blickt man auf den am Nordufer stehenden Dom. Die dreischiffige Hallenkirche entstand im 15. Jahrhundert, der Turm wurde erst 1842 erbaut.

Vom Turm des Glogauer Domes blickt man über die Oder hinweg auf die Altstadt und das unmittelbar am Ufer gelegene, zwischen 1652 und 1669 erbaute Schloss.

Bis zum Dreißigjährigen Krieg war Glogau neben Breslau die bedeutendste Stadt Niederschlesiens, wurde als Festungsstadt aber mehrfach stark zerstört.

Das Glogauer Land war bereits in frühgeschichtlicher Zeit besiedelt, bis zum Dreißigjährigen Krieg war Glogau neben Breslau die bedeutendste Stadt Schlesiens.

Blick von der Oder auf die Infanteriekaserne in Glogau, im Hintergrund ist der markante 80m hohe Rathausturm zu erkennen, der 1720 erbaut worden ist.

Im Jahre 1743 wurde in der Nähe von Reichenbach eine Herrenhuter Brüdergemeinde gegründet. Die Siedlung erhielt zum Andenken an die Befreiung von der Unterdrückung der evangelischen Christen den Namen „Gnadenfrei".

Am 23. August 1813 fielen die Franzosen in Goldberg ein. Dargestellt wird das Gefecht zwischen der schlesischen Armee und den Franzosen am Obertor.

Die ovale Anlage der 1211 durch Heinrich I. gegründeten Stadt Goldberg hatte die von West nach Ost führende Fernhandelsstraße, die durch das Obertor in die Stadt hinein und durch das Niedertor hinaus führte, als prägende Achse.

Die am Katzbachufer gelegene Stadt Goldberg verdankt ihren Namen dem Goldbergbau im Mittelalter, der jedoch bereits im 14. Jahrhundert an Bedeutung verlor und später durch Kupferbergbau ersetzt wurde.

Die südlich des Rings befindliche katholische Stadtpfarrkirche St. Maria wurde im 14. Jahrhundert erbaut, der große Ostturm kam erst rund 200 Jahre später dazu.

Das Kaiserdenkmal am Obermarkt in Görlitz wurde 1939 von dort entfernt und auf dem Wilhelmplatz wieder aufgestellt.

Unmittelbar am Neißeufer gelegen, sind die Türme der evangelischen Peter und Paul-Kirche weithin sichtbar. Der 1497 vollendete Kirchenbau ist der bedeutendste der schlesischen Lausitz.

Nach dem Abbruch der Stadtmauer in Görlitz Mitte des 19. Jahrhunderts wurde der Marienplatz angelegt. Die als großstädtische Avenue angelegte Elisabethstraße diente vorzugsweise für Wochenmärkte.

Mitten auf dem von alten Patrizierhäusern gesäumten Untermarkt steht der Neptunbrunnen, von den Einwohnern auch liebevoll „Gabeljürge" genannt.

Der 1526 erbaute Schönhof auf dem Untermarkt in Görlitz ist das älteste datierte Bürgerhaus der Renaissancebaukunst in Deutschland.

In der zweiten Hälfte des 15. Jahrhunderts entsteht am Obermarkt in Görlitz der Bau der Dreifaltigkeitskirche in seiner heutigen Form. Die barocke Haube erhielt der Turm jedoch erst bei Restaurierungsarbeiten zwischen 1713 und 1715.

Die Stadt Görlitz wurde 1215 mit deutschem Recht ausgestattet. Im Laufe der Geschichte wechselte die Stadt mehrfach ihre Landeszugehörigkeit.

Ende des 15. Jahrhunderts entstand auf Initiative des damaligen Bürgermeisters Georg Emmerich in Görlitz die Heilig-Grab-Kapelle nach Jerusalemer Vorbild.

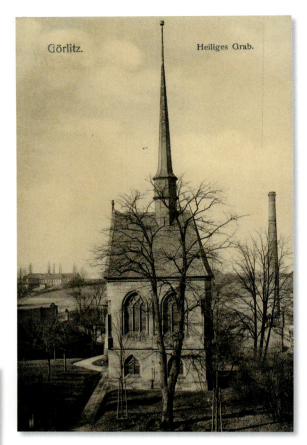

Die Ruhmeshalle in Görlitz nahe des Neißeufers war dem Andenken der beiden deutschen Kaiser Wilhelm und Friedrich, die beide 1888 verstarben, gewidmet. Das Gebäude wurde für museale Zwecke genutzt.

Die zweite Görlitzer Gewerbe- und Industrieausstellung lockte 1905 über eineinhalb Millionen Besucher auf das Ausstellungsgelände rund um die Ruhmeshalle.

Über die Neiße blickt man auf die turmreiche Stadt Görlitz, die nach mehrfachem Wechsel der Landeszugehörigkeit 1815 zu Preußen kam.

Die Stadt Gottesberg war mit über 600 m. ü. NN einst die höchstgelegenste Stadt Preußens. Wirtschaftliche Bedeutung hatte vor allem der Steinkohlebergbau.

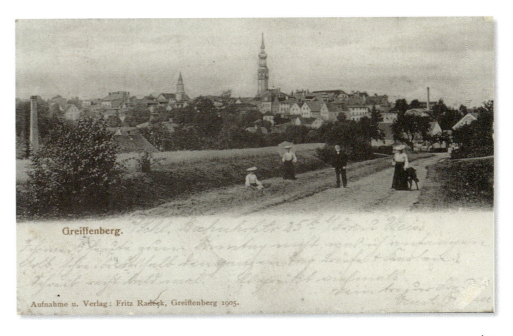

Die Stadt Greiffenberg am rechten Ufer des Queis erhielt 1354 Stadtrecht. Immer wieder suchten Stadtbrände und Überschwemmungen die Stadt heim, die sich von den Schäden aber zügig erholte, wie die Bevölkerungszahlen zeigen.

Greiffenbergs wirtschaftliche Blüte im 16. bis 18. Jahrhundert war bedingt durch den Leinenhandel. Die Stadt hatte weitreichende Handelsbeziehungen.

Die 1471 durch Herzog Friedrich I. von Liegnitz erbaute Gröditzburg wurde im 17. Jahrhundert zerstört und erst zwischen 1906 und 1908 wieder aufgebaut.

Nahe Oppeln liegt die Kreisstadt Groß-Strehlitz, die den für schlesische Städte typischen rechteckigen Ring aufweist.

Das Rathaus der 1268 deutschrechtlich gegründeten Stadt Grottkau wurde in seiner heutigen Form 1840 errichtet.

Der Anschluss Grottkaus an die Eisenbahnlinie Brieg-Neisse in den Jahren 1847/48 brachte der Stadt einen wirtschaftlichen Aufschwung.

Vom Ring in Grottkau blickt man zur katholischen Kirche St. Michael. Die ältesten Teile des Backsteinbaus stammen aus der zweiten Hälfte des 13. Jahrhunderts.

Grünberg als nordöstlichstes Weinbaugebiet Deutschlands hat eine lange Weinbautradition. Im 14. Jahrhundert führten vermutlich fränkische Siedler den Weinbau ein.

Ganz zu Unrecht wurde der Grünberger Wein als sauer verspottet. Hier entstand immerhin 1824 der erste deutsche Sekt.

Die Industrialisierung brachte der 1270 gegründeten Stadt Grünberg ein starkes Wachstum, Tradition haben hier Textil- und Getränkeindustrie.

Einen Anschluss an das Eisenbahnnetz erhielt Grünberg erst relativ spät mit der Verbindung Glogau-Grünberg-Guben 1871.

Den Mittelpunkt der Stadt Grünberg bildet der rechteckige Marktplatz, der Ring, in dessen Zentrum das 1590 errichtete Rathaus steht.

Die Stadt Guben am Rande der Niederlausitz entwickelte sich durch ihre Lage an wichtigen Fernverbindungen zu einer Handels- und Handwerkersiedlung. Ab 1848 wurde in der Umgebung Braunkohle gefördert, was die Industrieansiedlung begünstigte.

Mitten auf dem Marktplatz der um 1300 mit Magdeburger Stadtrecht versehenen Stadt Guhrau stand die evangelische Kirche „Zur Heiligen Dreifaltigkeit", die 1774 errichtet wurde.

Die Stadt Habelschwerdt erhielt 1875 einen Anschluss an die Eisenbahnstrecke von Glatz nach Mittelwalde. Dieser wirkte sich günstig auf die weitere wirtschaftliche Entwicklung aus.

Die im 13. Jahrhundert nach deutschem Recht gegründete Stadt Habelschwerdt ist die Geburtsstadt des bekannten, 1864 geborenen schlesischen Dichters Hermann Stehr.

Abschlusskommers des Heimat- und Schützenfestes auf dem Ring in Haynau im Jahr 1910.

Glockenweihe in Haynau am 27. Mai 1927.

47

An der Ostseite des Rings in Haynau befindet sich die katholische Pfarrkirche „Unserer Lieben Frau", die nach einem Brand Mitte des 17. Jahrhunderts wieder aufgebaut wurde.

Die 1770 bis 1774 errichtete Maria- und Josefskirche diente den Katholiken bis zum Bau einer neuen, größeren 1911 als Pfarrkirche, später wurde sie als Turnhalle genutzt.

Erstmals urkundlich erwähnt wird Haynau 1288, ist aber vermutlich schon vor 1241 gegründet worden. Ihr langgestreckter Marktplatz gilt als einer der größten Schlesiens.

Nachdem Schlesien zu Preußen kam, erhielten Hermsdorf u. Kynast 1741 die Erlaubnis, wieder eine evangelische Kirche zu bauen. Die Bethauskirche wurde 1745 eingeweiht.

In der zweiten Hälfte des 19. Jahrhunderts entwickelte sich in Hermsdorf der Fremdenverkehr. Maßgeblich trug hierzu der Anschluss an die Eisenbahnlinie bei.

Die Familie Henckel von Donnersmarck trug viel zur wirtschaftlichen Entwicklung der Gemeinde Hindenburg bei. Die Donnersmarckhütte wurde 1850/51 eingerichtet.

Die Gemeinde Zabrze wurde 1915, nach dem Sieg Hindenburgs über die Russen in Ostpreußen, in Hindenburg umbenannt. Die Erhebung zur Stadt folgte Anfang der 1920er Jahre.

Hindenburg /Zabrze ist aus mehreren Dörfern zusammengewachsen und erlangte erst durch die Industrialisierung Bedeutung. Mit der industriellen Erschließung im 19. Jahrhundert ging ein Bevölkerungsanstieg einher.

Die zum Markt hin offenen Laubengänge in Hirschberg sind erst nach dem Dreißigjährigen Krieg entstanden. Als Vorbild dienten die Basiliken der altrömischen Marktplätze.

Eingebettet in die malerische Landschaft des Riesengebirges war der Fremdenverkehr in Hirschberg seit dem späten 18. Jahrhundert ein wichtiger Wirtschaftsfaktor.

Die Kirche zum Kreuze Christi in Hirschberg ist die größte der sechs aufgrund der Altranstädter Konvention von 1707 erbauten schlesischen Gnadenkirchen.

Die Stadt Hirschberg war stark befestigt. Seit dem 15. Jahrhundert war sie von einer doppelten Mauer umgeben, die nur durch drei Stadttore durchbrochen wurde. Von der Bahnhofstraße Richtung Ring ist das Schildauer Tor mit der Annenkirche sichtbar.

Die den Marktplatz von Hirschberg umgebenden Häuser gehen in den Fundamenten bis ins Mittelalter zurück, während ihre Fassaden den jeweiligen Stilepochen des 16. - 19. Jahrhunderts, überwiegend Barock- und Rokokoformen, angepasst sind.

Der 1713 gestiftete Hochaltar der katholischen Pfarrkirche in Hirschberg ist ein wertvolles Kunstdenkmal. Das von einem Schüler Willmanns geschaffene Altarbild wird von 14 Statuen flankiert, darunter die Schutzheiligen der Kirche St. Erasmus und St. Pankratius.

Seit 1887 war Hirschberg eine Jägergarnison. Von Görlitz kam das Jägerbataillon (1. Schles.) Nr. 5 nach Hirschberg und behielt seinen Standort bis zur Auflösung 1919.

Das Bober-Viadukt vor der Kulisse Hirschbergs auf der Eisenbahnstrecke von Görlitz ins Riesengebirge war stets ein beliebtes Motiv für Postkarten und Gemälde.

Hirschberg erhielt 1866 einen Eisenbahnanschluss nach Görlitz und Berlin, dies brachte zunehmend Touristen auch aus der Umgebung von Berlin nach Hirschberg und ins Riesengebirge.

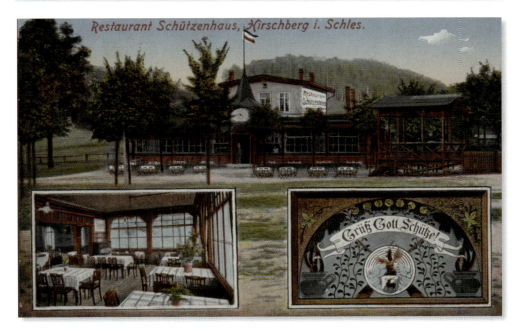

Die Schützentradition in Hirschberg geht bis ins 14. Jahrhundert zurück und hat sich über viele Höhen und Tiefen gehalten. Das Schützenhaus mit Restaurant wurde Ende des 19. Jahrhunderts gebaut.

53

Die 1281 erstmals belegte Stadt Hirschberg hatte ihre wirtschaftliche Blüte im Mittelalter dem Leinenhandel zu verdanken.

Am Fuße des Riesengebirges nahe Trautenau liegt das Städtchen Hohenelbe. Das Stadtbild prägende Schloss wurde 1820 um ein Stockwerk verkleinert und die Burgmauern wurden zumeist abgetragen. Weitere Umbauten erfolgten im 20. Jahrhundert.

Die Handelsstraße Richtung Posen musste nördlich von Breslau die Weide überqueren. Sie tat das seit dem 15. Jahrhundert in Hünern.

1929 fanden in der Innenstadt von Jägerndorf die Tell-Festspiele statt, die viele Menschen auf die Straßen zogen.

Die deutschrechtliche Gründung der Stadt Jägerndorf liegt in der ersten Hälfte des 13. Jahrhunderts. Nach den schlesischen Kriegen wurde Jägerndorf von dem preußischen Schlesien abgetrennt und Österreichisch Schlesien zugeteilt.

Mit dem Bau des festungsähnlichen Schlosses in Jägerndorf wurde um 1531 begonnen, nach dem Stadtbrand von 1779 wurde es barockisiert.

Die Stadt Jauer, am Ufer der wütenden Neiße gelegen, ist vermutlich schon vor 1242 gegründet worden.

Im Mittelalter entwickelte sich Jauer zum bedeutendsten Handelsplatz für Leinen in Schlesien. Die natürlichen Voraussetzungen in der Umgebung begünstigten den Flachsanbau.

Die Stadt Jauer war früher vor allem Handelsplatz für die im Umland hergestellten landwirtschaftlichen Produkte.

Nach einem Brand wurde das Rathaus in Jauer 1896/97 wieder aufgebaut. Von dem alten im 16. und 17. Jahrhundert errichteten Rathaus ist der 65 m hohe Rathausturm erhalten geblieben.

Während der Blütezeit des Wagenbaus in Jauer in der zweiten Hälfte des 19. Jahrhunderts gab es dort fast 50 Stellmacher und Wagenbauer.

Zwischen 1652 und 1655 wurde die heute zum UNESCO-Weltkulturerbe gehörende evangelische Friedenskirche in Jauer errichtet.

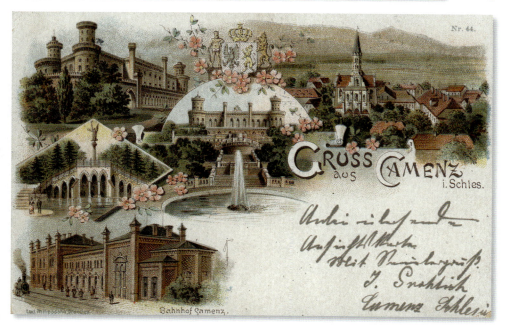

Im 13. Jahrhundert kamen Zisterziensermönche aus Leubus nach Kamenz und bewirtschafteten das Umland, nach der Säkularisation wurde die einstige Abteikirche zur Stadtpfarrkirche.

Der am Ufer des Pausebaches gelegene Ort Kamenz entwickelte sich im 19. Jahrhundert zum Eisenbahnknotenpunkt.

In Kamenz ließen Prinz Albrecht von Preußen und seine Frau Marianne von Schinkel ein Schloss im Stile der englischen Gotik bauen, das im Volksmund aufgrund seines Aussehens auch die „umgestülpte Kommode" genannt wurde.

Die oberhalb der Neiße gelegene katholische Kirche, einst Klosterkirche, wurde im 14. Jahrhundert erbaut und etwa 300 Jahre später barockisiert.

Zwar stimmten bei der Volksabstimmung 1921 etwa 85% der Abstimmungsberechtigten für den Verbleib bei Deutschland, dennoch fiel die bedeutende Industriestadt Kattowitz an Polen.

Das einstige Waldhufendorf Kattowitz entwickelte sich im 19. Jahrhundert zu einem bedeutenden Industriestandort in Oberschlesien.

Der Gartenbaudirektor Sallmann baute in Kattowitz in den 1920er Jahren die ursprünglich bewaldete Beatehöhe zum Südpark aus.

Die Bewohner der 1238 erstmals urkundlich erwähnten Stadt Köben lebten überwiegend vom Ackerbau und der Oderschifffahrt.

Am Steilufer der Oder, an einem alten Flussübergang liegt die Landstadt Köben. Die Fährstelle gehörte bis 1910 zu dem bereits 1209 erstmals errichteten Rittergut.

In Kohlfurt zweigten von der 1846 eingerichteten Strecke Breslau – Berlin später weitere Linien nach Görlitz – Dresden, Lauban und Hoyerswerda ab.

Der im 16. Jahrhundert entstandene Ort Kohlfurt war lange bedeutungslos, erst mit dem Anschluss an die Eisenbahn im 19. Jahrhundert und der Entstehung eines Eisenbahnknotenpunktes änderte sich dies.

Die nur gut 20 km von Görlitz in der Heide gelegene Stadt Kohlfurt erlangte im 19. und 20. Jahrhundert wirtschaftliche Bedeutung aufgrund der Braunkohle.

Als Dank für seine Leistungen in den Kriegen gegen Dänemark, Österreich und Frankreich erhielt Helmuth Graf von Moltke 1871 das Gut Kreisau. Letzter Besitzer vor dem Zweiten Weltkrieg war der deutsche Widerstandskämpfer Helmut James Graf von Moltke, der 1945 in Plötzensee hingerichtet wurde.

Am Kreuzungspunkt der beiden Bahnstrecken Breslau-Freiburg und Schweidnitz-Striegau entstand Königszelt. Ihren Namen verdankt die Stadt der Tatsache, dass das Zelt Friedrich II. im siebenjährigen Krieg 1761 hier gestanden hatte.

Gustav Freytag widmete den sechsten Band der Reihe „Die Ahnen" seiner Geburtsstadt Kreuzburg. Der schlesische Schriftsteller wurde dort 1816 geboren.

63

Krummhübel im Riesengebirge, am Hotel Goldner Frieden

Am Fuße der Schneekoppe liegt Krummhübel, das vor allem durch die Laboranten bekannt wurde, die aus Kräutern Arzneien herstellten und weit über die Region hinaus vertrieben.

Im am Fuße des Heuscheuergebirges gelegenen Kudowa wurde bereits um 1580 Sauerbrunnen entdeckt, Friedrich II. besuchte das Bad 1765.

Am Eingang des ca. 15 ha großen Kurparks in Bad Kudowa steht das um 1900 erbaute Sanatorium.

Die Glatzer Rose (Trollius europaens), auch Trollblume genannt, ist das Wahrzeichen der Grafschaft Glatz und ist zu Tausenden auf den feuchten Gebirgswiesen zu finden.

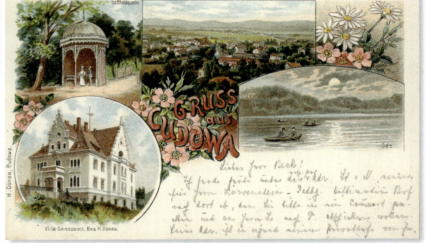

Den Ruf Bad Kudowas als bekanntestes Herzheilbad Deutschlands begründeten die kohlensäurehaltigen Heilquellen.

Unterhalb der Lehnhausburg gelegen ist die 1242 nach deutschem Recht ausgesetzte Stadt Lähn, vor allem als Luftkurort bekannt.

Der landwirtschaftlich geprägte Ort Lamsdorf im Kreis Falkenberg wurde im 20. Jahrhundert durch den nahegelegenen Truppenübungsplatz bekannt.

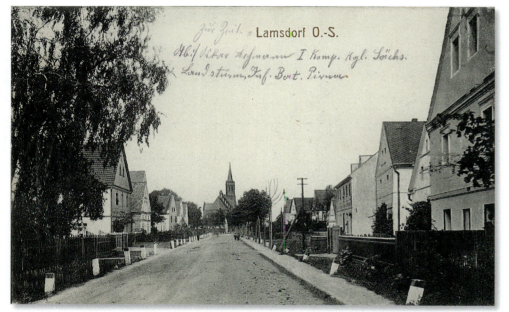

In der Nähe des Ortes Lamsdorf wurde 1862 ein Truppenübungsplatz eingerichtet, der Ende des 19. Jahrhunderts deutlich erweitert wurde. Im Ersten Weltkrieg diente der Platz als Kriegsgefangenenlager, nach der Teilung Oberschlesiens als Flüchtlingslager.

Am Ende des 18. Jahrhunderts erlebte der Badebetrieb in Bad Landeck einen erheblichen Aufschwung. Der Kurort wurde mehrfach von der königlichen Familie aufgesucht.

Die Häuser am Ring in Bad Landeck stammen aus dem 17. und 18. Jahrhundert, die charakteristischen Laubengänge wurden teilweise durch einen Brand zerstört.

Die barocke Dreifaltigkeitssäule auf dem Ring in Bad Landeck wurde von dem Bildhauer Michael Klahr d. Ä. erbaut.

Das in der Grafschaft Glatz gelegene Bad Landeck gilt als ältester Kurort Schlesiens. Überlieferungen zufolge wurden die warmen Quellen bereits im 14. Jahrhundert genutzt.

Friedrich II. förderte nicht nur politisch den Badebetrieb in Bad Landeck, sondern nutzte 1765 auch selbst die Kuranlagen.

Die Schwefelquelle des Marienbades in Bad Landeck wird 1625 erstmals genannt. Das über der Quelle errichtete Badehaus stammt aus dem Jahr 1880.

Neben den Kuranwendungen war auch die Unterhaltung der Kurgäste in Bad Landeck wichtig. Die Umgebung bot zahlreiche Möglichkeiten für Spaziergänge oder eine Partie auf dem Gondelteich.

Die Stadt Landeshut liegt in einer Mulde zwischen dem Riesengebirge und dem Waldenburger Bergland. Diese Passlage brachte neben guten Handelsmöglichkeiten aber auch immer wieder Gefährdung durch feindliche Heere.

Die Stadt Landeshut ist vor allem durch die dortige Textilproduktion bekannt. Neben dem Handel war ab dem 16. Jahrhundert die Leinenweberei Hauptwirtschaftszweig.

Maifeier 1904 in Langenbielau. Der durch die Textilproduktion geprägte Ort galt lange als größtes Dorf Preußens, erst 1924 erhielt es Stadtrecht.

Als der Handel in Lauban im 16. Jahrhundert seine größte Blüte erreichte, entstand das im Renaissancestil gehaltene Rathaus. Vom Vorgängerbau blieb nur der Turm erhalten.

Wahrzeichen der 1187 gegründeten Stadt Leobschütz ist die doppeltürmige gotische Pfarrkirche Mariä Geburt, die in ihrem Kern aus dem 13. und 14. Jahrhundert stammt.

Im etwa 3 km vom Kloster entfernten Städel Leubus wurde Anfang des 20. Jahrhunderts eine neue Pflege- und Heilanstalt gebaut, die der bereits seit etwa 1830 im Kloster befindlichen Anstalt für Geisteskranke angegliedert wurde.

In dem traditionsreichen Kloster Liebenthal richteten die Breslauer Ursulinen 1856 eine Mädchenschule mit Pensionat ein. Seit 1863 gab es ein Lehrerseminar, das 1926 von einer Aufbauschule abgelöst wurde.

Zwischen dem Vorgebirge und der schlesischen Ebene direkt an der Katzbach liegt die Stadt Liegnitz, die neben Breslau die größte und bekannteste Stadt Niederschlesiens ist.

Auf der 1844 eröffneten Eisenbahnlinie nach Breslau verkehrten in der Zwischenkriegszeit täglich 150 Züge in beide Richtungen. Der heutige Bahnhof liegt etwa 200m östlich des ersten Liegnitzer Bahnhofs.

Das barocke Rathaus in Liegnitz entstand um 1740, erst 1929 bei Umbauarbeiten bekam der Risalit die auf der Abbildung noch nicht vorhandene Haube.

Herzog Friedrich II. von Liegnitz ließ das mittelalterliche Schloss zu Beginn des 16. Jahrhunderts großzügig ausbauen.

Im Rahmen der GUGALI (Gartenbau- und Gewerbeausstellung Liegnitz) 1927 entstand eine weitere Parkanlage mit Promenadenwegen, Blumeninseln und Wasserspielen.

Der Schauseite des Liegnitzer Rathauses versah man mit einem Risalit und geschwungenen Seitenfreitreppen mit steinernen Laternen.

Nach der Vernichtung der im 12. Jahrhundert entstandenen Siedlung während des Mongolensturms 1241, setzte Herzog Boleslaus II. von Schlesien eine neue Stadt zu deutschem Recht aus.

Der alte Stadtpark in Liegnitz war zu einer einzigartigen Parkanlage ausgebaut worden mit Palmengarten und japanischem Gärtchen.

Der Hedwigsplatz in Liegnitz, benannt nach der Schutzpatronin der Schlesier, der Heiligen Hedwig ist um 1870 entstanden.

Im Jahre 1860 wurde das „2. Westpreußische Infanterieregiment Nr. 7" nach Liegnitz verlegt. Die Kaserne entstand zwischen 1877 und 1884.

An der Rückseite des von Carl Ferdinand Langhans erbauten Theaters am Liegnitzer Ring stehen die sogenannten Heringsbuden, acht schmale Renaissancehäuser mit jeweils nur zwei Fensterachsen.

In das einstige Piastenschloss zog 1809 die von Glogau nach Liegnitz verlegte Königliche Regierung. Durch Brandstiftung entstand 1835 großer Gebäude- und Sachschaden, fünf Menschen starben.

Liegnitz galt als die Gartenstadt Deutschlands. Bereits 1895 fand die erste Gartenbauausstellung dort statt, es folgten zahlreiche weitere.

Die evangelische Kaiser-Friedrich-Gedächtniskirche in Liegnitz wurde 1908 geweiht und erinnerte an den zweiten Kaiser des Deutschen Reiches Friedrich III., der 1888 nach nur 99 Tagen im Amt verstarb.

Der Warmwasserteich in Liegnitz war mit tausend Quadratmetern der größte seiner Art in Europa und barg in sich tausende von Wasserpflanzen, darunter die Königin unter den Seerosen, die Victoria Regia.

Der 50m hohe Petersturm des Liegnitzer Piastenschlosses wurde 1416 fertiggestellt. Bei dem Schlossbrand 1711 brannte außer den beiden Türmen alles nieder.

77

Die katholische Pfarrkirche Maria Himmelfahrt, in Löwenberg, im 13. Jahrhundert errichtet und im 15. Jahrhundert umgebaut, zählt zu den frühesten Zeugnissen der Gotik in Schlesien.

Das im 16. Jahrhundert erbaute Löwenberger Rathaus mit seinen gotisch gehaltenen Räumen und den Renaissancegiebeln zählt zu den sehenswertesten Rathäusern Schlesiens.

Zum Ende des 19. Jahrhunderts erhielt Löwenberg Anschluss an verschiedene Eisenbahnstrecken. Als „schlesisches Rothenburg" im Volksmund bekannt, war es ein beliebtes Ausflugsziel.

Löwenberg wurde bereits zwischen 1209 und 1217 mit deutschem Recht als Stadt ausgesetzt. Löwenberger Recht diente später auch anderen schlesischen Städten als Rechtsgrundlage.

Der Hauptbau des Löwenberger Rathauses entstand 1522-25 unter der Regie des Görlitzer Baumeisters Wendel Rosskopf.

Der weithin sichtbare Turm des Löwenberger Rathauses wirkt gegen das von der Spätrenaissance geprägte Gebäude sehr nüchtern.

79

Charakteristisch für Löwenberg sind die, die kleinen Gassen überspannenden sogenannten Schwibbögen mit Blick durch die Bogengasse zur katholischen Kirche.

Im 19. Jahrhundert wurden die Stadttore in Löwenberg abgetragen, ein großer Teil der doppelten Stadtmauer sowie der Laubaner- und der Bunzlauertorturm sind aber erhalten geblieben.

Am Ostrand der Niederschlesisch-Lausitzer Heide inmitten des Kupferrevier, liegt die Ende des 13. Jahrhunderts gegründete Stadt Lüben.

Die an der Oder gelegene Siedlung Maltsch erlangte ihre wirtschaftliche Bedeutung als Umschlagplatz für die Waldenburger Kohle. Außer der Kohle wurden auch Granit und landwirtschaftliche Produkte im Hafen verladen.

Die 1703 bis 1711 errichtete Stadtpfarrkirche „Zur Hl. Dreifaltigkeit" dominiert das Stadtbild der, von der Leinenherstellung und dem Leinenhandel geprägten Stadt Marklissa am Queis.

Die unmittelbar an der Oder gelegene Siedlung Milzig wird 1376 erstmals urkundlich erwähnt, Ausgrabungen haben ergeben, dass auf dieser hochwassersicheren Anhöhe bereits in der frühen Eisenzeit Menschen gesiedelt haben.

Im Südzipfel der Grafschaft Glatz liegt das zunächst zum Kloster Kamenz gehörige Mittelwalde, das ab 1323 aber häufig die Besitzer wechselte, was der Entwicklung hinderlich war.

Die Stadt Münsterberg, um 1250 gegründet, liegt inmitten eines fruchtbaren Ackergebietes, weshalb die Landwirtschaft und die Lebensmittelindustrie zu den Hauptwirtschaftszweigen zählen.

Aufmarsch der Proletarischen Musik-Vereinigung Münsterberg in Schlesien unter der Leitung von Otto Pietsch.

Autozentrale Georg Scholz in Münsterberg mit Werkstatt, Tankstelle und Verkaufsraum für Kraftfahrzeuge.

Von der Stadtbefestigung in Münsterberg ist neben einigen Mauerresten nur noch der Patschkauer Torturm erhalten geblieben.

Festspiel in Münsterberg anlässlich der Einweihung des Juliusbrunnen am 15. Mai 1907.

83

Blick vom Rathausturm auf die Stadt Münsterberg. Während das Rathaus in seiner heutigen Form 1888-91 erbaut wurde, stammt der Turm noch aus dem 16. Jahrhundert.

Das Schloss Muskau des Fürsten von Pückler wurde im 19. Jahrhundert aufwändig umgestaltet. Der 4000 Morgen große Park ist nach englischem Vorbild gestaltet.

Die russische Grenze bei Myslowitz. Die Besonderheit, dass hier drei Kaiserreiche aufeinander trafen, zog viele fremde Besucher an.

Zwischen 1871 und 1918, nach der Teilung Polens bis zum Ende des Ersten Weltkrieges, grenzten nahe der oberschlesischen Stadt Myslowitz an der Dreikaiserreichs-Ecke das Deutsche Reich, Österreich-Ungarn und das russische Zarenreich aneinander.

Von der 1350 errichteten Stadtmauer in Namslau sind Teile erhalten geblieben, so auch das damals im Osten angelegte Krakauer Tor.

Die deutschrechtliche Stadt Namslau wurde vor 1270 am Ufer der Weide gegründet. Die alten Bürgerhäuser auf dem Ring zeugen vom einstigen wirtschaftlichen Wohlstand durch Handel und Tuchmacherei.

Naumburg am Queis, nahe Bunzlau, ebenfalls als schlesische Töpferstadt bekannt. Die 1233 gegründete Stadt weist den typischen rechteckigen Ring mit Rathaus und Laubenhäusern auf.

Auf dem westlichen Ausläufer des Schlesischen Landrückens am rechten Boberufer liegt die Stadt Naumburg. Außerhalb der Stadt an der Briesnitzmündung gab es ein Strandbad.

Die Stadt Naumburg am Bober wurde um 1263 als deutschrechtliche Stadt gegründet mit dem klassischen rechteckigen Ring. Blick zur katholischen Kirche.

Die vor 1223 gegründet Stadt Neisse war lange Residenz der Breslauer Bischöfe und nahm damit eine bedeutende Rolle in der schlesischen Geschichte ein.

Unter Friedrich II. wurde die Handelsstadt Neisse zur Festungsstadt ausgebaut. Zahlreiche Festungsanlagen und Kasernen zeugen von dieser Zeit.

Seinen Lebensabend verbrachte Joseph Freiherr von Eichendorff, Dichter der bekannten Novelle „Aus dem Leben eines Taugenichts", in Neisse, wo er 1857 starb und begraben wurde.

Aufgrund der zahlreichen Kirchen und Klöster wurde die 1221 gegründete Stadt Neisse auch das „schlesische Rom" genannt.

Im Ersten Weltkrieg diente das Gelände des Truppenübungsplatzes in Neuhammer am Queis als Kriegsgefangenenlager für russische Soldaten.

Die Abgeschiedenheit des Truppenübungsplatzes Neuhammer zeigt sich deutlich auf der Postkarte.

Der Ort Neuhammer am Queis erlangte erst Bedeutung als Zentrum des in der Mallmitzer Heide bei Bunzlau gelegenen Truppenübungsplatzes, der 1898 dort angelegt wurde.

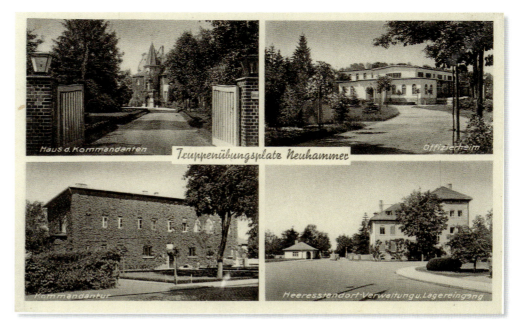

Ein wichtiger Arbeitgeber in dem im Kreis Löwenberg gelegenen Ort Neuland waren die Gips-Werke.

An der Westseite des Marktes in Neumarkt steht die Stadtpfarrkirche St. Andreas. Der freistehende wuchtige Glockenturm ist im 14. Jahrhundert entstanden.

Oberring - Neumittelwalde / Schl.

Der Stadtgrundriss von Neumittelwalde gruppiert sich um zwei Kerne, zum einen um den Ober- und Unterring beiderseits der evangelischen Kirche, zum anderen um das alte Schloss.

Festumzug der Vereine in Neumittelwalde im August 1929.

Das nahe an Groß Wartenberg gelegene Mittelwalde erhielt 1637 Stadtrecht. Die Umbenennung in Neumittelwalde erfolgte 1886.

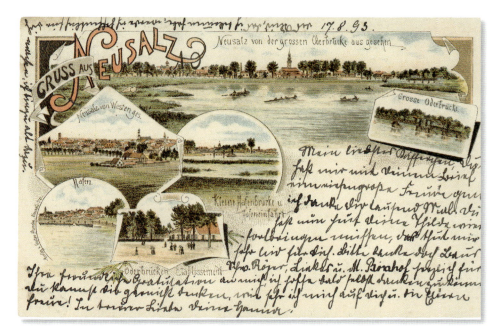

Um vom polnischen Salzimport unabhängig zu werden, gründete Kaiser Ferdinand I. 1536 an der Oder die Salzsiederei „Zum neuen Saltze", aus der während der friderizianischen Zeit die eigentliche Stadt Neusalz entstand.

Am Fuße der Bischofskoppe in Oberschlesien liegt die 1279 gegründete Stadt Neustadt. Weit über die Region hinaus bekannt war das dort ansässige Textilunternehmen Fränkel.

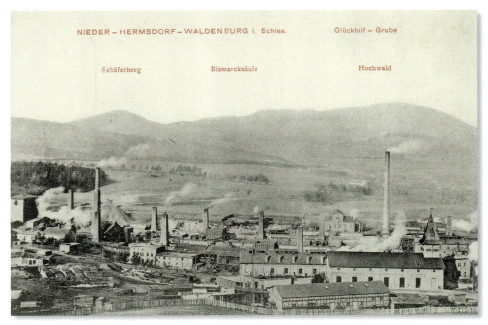

Der Steinkohlebergbau spielte in dem Ort Nieder-Hermsdorf bei Waldenburg eine große Rolle. Zahlreiche Bergwerke befanden sich im Umfeld des Ortes.

Das in der Frühgeschichte bedeutende Nimptsch erholte sich nie von der Zerstörung im 30jährigen Krieg. Im Schatten der Städte Reichenbach und Frankenstein erlangte die kleine, auf einem Bergkegel über der Lohe entstandene Stadt kaum wirtschaftliche Bedeutung.

Die Wurzeln der Stadt Nimptsch gehen bis in das Jahr 1000 v. Chr. zurück. In frühgeschichtlicher Zeit besaß das an der Haupteinfallstraße nach Böhmen gelegene Nimptsch eine Schlüsselstellung im Kampf um Schlesien.

Festumzug durch die Stadt Nimptsch anlässlich des Pfingstfestes des Männer-Turn-Vereins Nimptsch am 31. Juli 1921.

Das im 16. und 17. Jahrhundert im Renaissancestil ausgebaute Schloss in Oberglogau war fast 400 Jahre im Besitz der Reichsgrafen von Oppersdorff. Dem Grafen Franz Joachim Wenzel von Oppersdorff widmete Beethoven 1806 hier seine 4. Sinfonie B-Dur.

Das nahe Breslau gelegene Obernigk war beliebter Ausflugs- und Erholungsort der Breslauer. Das 1305 erstmals erwähnte Obernigk entwickelte sich Mitte des 19. Jahrhunderts aufgrund der günstigen klimatischen Bedingungen zum Kurort.

Blick über Obernigk in nord-östliche Richtung zum Katzengebirge hin. In dem Kurort haben sich vier Sanatorien angesiedelt, die aufgrund des gutem Heilklimas und dem Eisenbahnanschluss an Breslau stets gut besucht waren.

Der zwischen 1558 und 1617 im Renaissancestil neu errichtete Schlossbau in Oels diente ab 1918 dem Kronprinzen des deutschen Reiches, Prinz Wilhelm von Preußen, als Wohnsitz.

Die Stadt Oels, einst an einem Knotenpunkt wichtiger Handelsstraßen gelegen, wurde 1250 nach deutschem Recht gegründet.

Die Mitte des 13. Jahrhunderts gegründete Stadt Ohlau gehörte zu den Gegenden Schlesiens, in denen der Tabakanbau eine lange Tradition hatte. 1643 entstand die erste Tabakspinnerei.

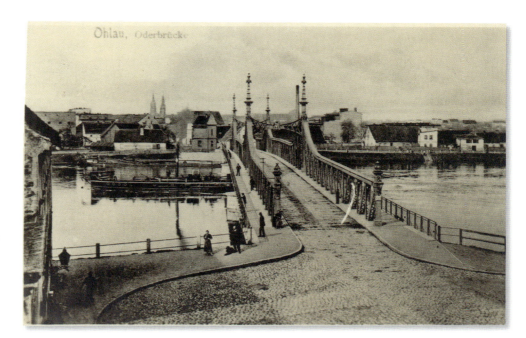

Dort, wo die Ohle sich bis auf 350 m der Oder nähert, liegt die Stadt Ohlau. Die beiden Flüsse bedeuteten für die Stadt einerseits einen natürlichen Schutz nach außen, andererseits aber auch immer große Gefahr bei Hochwasser.

War es im Mittelalter noch die Lage an einem günstigen Oderübergang, so waren es ab dem 19. Jahrhundert der Oderhafen sowie der Eisenbahnanschluss, die Oppeln zu einem wichtigen Verkehrsknotenpunkt machten.

Die Schlossbrücke in Oppeln führt über die Oder hinweg zu den Relikten des einstigen Piastenschlosses.

Ab 1816 war Oppeln Regierungssitz der gleichnamigen Provinz und entwickelte sich zu einem wichtigen Zentrum für das Umland.

Nordwestlich von Kreuzburg liegt das Städtchen Pitschen. Das Rathaus wurde nach einem Brand 1745 in barock-klassizistischer Form wieder aufgebaut.

Die Stadt Primkenau, aus einer slawischen Marktsiedlung hervorgegangen, wurde durch Herzog Primko von Sprottau-Steinau zu deutschem Recht umgesetzt. Die Stadt blieb unbefestigt.

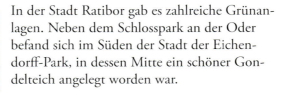

In der Stadt Ratibor gab es zahlreiche Grünanlagen. Neben dem Schlosspark an der Oder befand sich im Süden der Stadt der Eichendorff-Park, in dessen Mitte ein schöner Gondelteich angelegt worden war.

Die Neue Straße entlang kommend erhebt sich schon von weitem der 68 m hohe Turm der Liebfrauen-Pfarrkirche. Der älteste Teil der Kirche stammt noch aus dem 13. Jahrhundert.

Die neue katholische Kirche nebst Pfarrhaus des 1902 zu Ratibor eingemeindeten Altendorf.

Die Stadt Ratibor liegt beiderseits der Oder an einem alten Flussübergang. Ihre Lage machte die 1235 gegründete Stadt zu einem wichtigen Handelsplatz.

Gruppenbild der Herzoglichen Ratiborer Musikschule Rauden O/S unter der Leitung von R. Frings.

Reichenbach in der Oberlausitz, nahe Görlitz gelegen, wurde um 1230 zur Stadt erhoben. Die katholische Kirche St. Anna stammt aus dem 16. Jahrhundert und wurde um 1900 erneuert.

Am Fuße des Eulengebirges liegt die vor 1230 gegründete Stadt Reichenbach, die den für Kolonistenstädte typischen rechteckigen Ring aufweist.

Die Frontansicht des Realreform-Gymnasiums in Reichenbach im Eulengebirge.

Die Wirtschaft der an einer wichtigen Handelsstraße gelegenen Stadt Reichenbach war ganz auf die Textilindustrie ausgerichtet.

Reichenstein ist eine alte Bergstadt, zunächst wurde hier Gold gewonnen, später Arsenik und Kalk. Ab 1701 befand sich in Reichenstein das größte Arsenikwerk der Welt.

Die im Winter malerische Landschaft der Grafschaft Glatz bot den Gästen von Bad Reinerz auch im Winter lohnende Ausflugsziele.

Seit Beginn des 15. Jahrhunderts ist Bad Reinerz als Kurort für Atemwegserkrankungen bekannt und kann auf einige berühmte Gäste verweisen wie den Dichter Carl von Holtei oder Frederic Chopin, der hier sein erstes öffentliches Konzert außerhalb Polens gab.

Am Ortsausgang von Bad Reinerz steht eine historische Papiermühle. Die Papierherstellung hat in Bad Reinerz seit dem 16. Jahrhundert Tradition.

Bekannt ist der 1307 erstmals genannte Ort Rogau durch die Einsegnung des Lützowschen Freicorps am 27. März 1813 in der dortigen Pfarrkirche.

Die an einem günstigen Boberübergang gelegene Stadt Sagan wurde Mitte des 13. Jahrhunderts gegründet.

101

Das Dorotheen-Hospital, die Kreuzkirche sowie die Dorotheenschule in Sagan wurden Mitte des 19. Jahrhunderts auf Betreiben der Herzogin Dorothea von Sagan errichtet.

Am Bahnhof von Niedersalzbrunn trifft die Strecke nach Dittersbach, Hirschberg und Görlitz auf die nach Halbstadt. Ein repräsentatives Bahnhofsgebäude empfängt die Kurgäste und Besucher.

Das bereits 1221 erstmals erwähnte Salzbrunn, entwickelte sich zu Beginn des 19. Jahrhunderts zu einem beliebten Kurort. Durch den Ausbau der Kuranlagen zählte es bald zur Spitze der schlesischen Bäder.

Um den Kurgästen ihren Aufenthalt möglichst angenehm zu gestalten, bot man Ihnen auch ein entsprechendes Rahmenprogramm, so zum Beispiel regelmäßige Konzerte der Kurkapelle.

Das 1735 neu errichtete Schloss in Schlawa liegt direkt am gleichnamigen See.

Schlawa ist in seiner Geschichte mehrfach von Bränden heimgesucht worden. Die katholische Kirche aus dem 14. Jahrhundert ist aber ebenso erhalten geblieben wie die zwischen 1834 und 1836 errichtete evangelische Kirche.

103

Der Ort Schlawa wird 1312 erstmalig erwähnt. Neben der Fischerei und dem Ackerbau spielte vor allem der Viehhandel mit dem nahen Polen eine größere Rolle.

Der 11 km lange See, an dessen Ostzipfel die Stadt Schlawa liegt, ist aufgrund der guten Wassersportmöglichkeiten und der schönen Umgebung ein beliebtes Ausflugsziel.

Die aus einer Bergbausiedlung hervorgegangene Stadt Schmiedeberg erhielt erst 1513 das Stadtrecht. Bis zum Dreißigjährigen Krieg spielte der Bergbau eine große Rolle, später stellte die Leinenweberei den Hauptwirtschaftsfaktor dar.

Bis ins 17. Jahrhundert war die Wirtschaft in Schmiedeberg vor allem durch den Bergbau und die Eisenverhüttung geprägt, ab dem 18. Jahrhundert gewann die Leinenweberei zunehmend Bedeutung.

Das Internatsgebäude der Königlichen Präparanden-Anstalt vor dessen Eingang eine Büste Theodor-Körners stand.

Die Ackerbürger- und Webersiedlung Schömberg gehörte seit dem 14. Jahrhundert bis zur Säkularisation zum nahegelegenen Zisterzienserkloster Grüssau.

105

Um 1707 während der Blüte der Leinenproduktion wurde Schömberg um die Webersiedlung „Zwölf Apostel" erweitert. Von den zwölf Holzlaubenhäusern stehen heute nur noch elf.

Die Laubenhäuser am Ring in Schömberg stammen aus der Barockzeit, an den Fassaden sind in den Nischen verschiedene Heiligenfiguren angebracht.

Infolge der im 16. Jahrhundert einsetzenden Leinenproduktion erhielt Schömberg die zwischenzeitlich verlorenen Stadtrechte wieder zurück.

Der Tourismus machte Schreiberhau zum meistbesuchten Luftkurort und Wintersportplatz im westlichen Riesengebirge. Eine Sprungschanze und eine Bob-Bahn machten den Ort für Wintersportler attraktiv.

Erste urkundliche Belege von Schreiberhau von 1366 beziehen sich auf eine Glashütte. Neben dem Tourismus ist die Glasherstellung nach wie vor von wirtschaftlicher Bedeutung.

Die Lukasmühle in Schreiberhau wurde bekannt durch die Ausstellungen der „Vereinigung der Bildenden Künstler St. Lukas", die auf Initiative Hanns Fechners 1860-1931 zur Unterstützung junger Künstler ins Leben gerufen wurde.

Der im westlichen Riesengebirge gelegene Ort Schreiberhau ist einer der weitverzweigtesten Orte in Schlesien. Die Ausdehnung von Nieder- über Mittel- bis Oberschreiberhau beträgt ca. 20 km.

Die Stadt Schweidnitz, einst Residenz der Piasten, war bis 1867 eine der wichtigsten Garnisonsstädte Schlesiens. Nach dem Abriss der Festungsanlagen entstanden an deren Stellen Grünanlagen.

Die erste Gewerbeausstellung in Schweidnitz wurde vom Gewerbeverein organisiert und fand bereits 1842 statt, in den folgenden Jahren fanden in unregelmäßigen Abständen weitere statt.

Das Ausstellungsgelände der Schweidnitzer Gewerbeausstellung von 1911, der Haupteingang mit der Haupthalle.

Von der Terrasse des Cafés auf dem Ausstellungsgelände bot sich eine gute Aussicht auf die Stadt Schweidnitz, die von dem markanten Turm der katholischen Kirche dominiert wird.

Mit dem Bau der katholischen Kirche St. Stanislaus und Wenzel wurde im 14. Jahrhundert begonnen, der Turm wurde 1565 erbaut und ist mit 103 m Höhe der höchste Kirchturm Schlesiens.

Die 1657/58 erbaute Friedenskirche in Schweidnitz bot 7.500 Gläubigen Platz. Seit 2001 zählt sie zum UNESCO-Weltkulturerbe.

Die Friedenskirche "Zur Heiligen Dreifaltigkeit" in Schweidnitz ist eine der drei Friedenskirchen, die den Protestanten in Schlesien nach dem Westfälischen Frieden 1648 zugestanden wurde.

Der Ring in Schweidnitz mit der Dreifaltigkeitssäule im Winter. Die schlesischen Winter konnten recht schneereich und lang sein.

Die etwas außerhalb des Stadtzentrums gelegene katholische Kirche in Schweidnitz ist eine dreischiffige Basilika an deren Seitenschiffen einige Kapellen angebaut sind.

Der Blick vom Wilhelmplatz in Schweidnitz in die untere Wilhelmstraße. Links das Gebäude der Brau-Commune Schweidnitz.

Schweidnitz zählt zu den ältesten Städten Schlesiens und war im 16. Jahrhundert neben Breslau der bedeutendste Handelsplatz Schlesiens, die Folgen des Dreißigjährigen Krieges stürzten die Stadt in eine Krise.

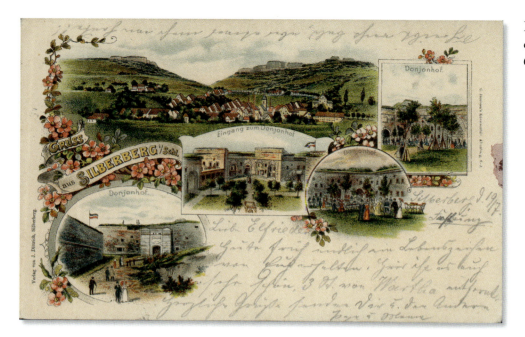

In den Jahren 1765 bis 1768 wurde der Donjon der Festung Silberberg in 685 m Höhe erbaut.

Auf Initiative Kaiser Wilhelm II. wurde das Fort Spitzberg, in dem einst 320 Soldaten stationiert waren, Anfang des 20. Jahrhunderts zu einer Jugendherberge ausgebaut.

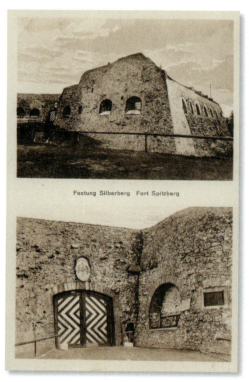

Nach dem Frieden von Hubertusburg 1763 ließ Friedrich der Große auf den Höhen von Silberberg eine Festung errichten, als Mittelglied zwischen den Festungen von Schweidnitz und Glatz.

Der Donjon der Festung Silberberg wurde 1765 - 1777 durch Friedrich II. erbaut. Rings um den fünfeckigen Hof befanden sich die Wohnkasematten für das Festungskommando und eine Eliteeinheit.

Die an der Mündung von Sprotte und Bober gelegene Stadt Sprottau entwickelte sich zum Wirtschafts- und Verwaltungszentrum der Umgebung.

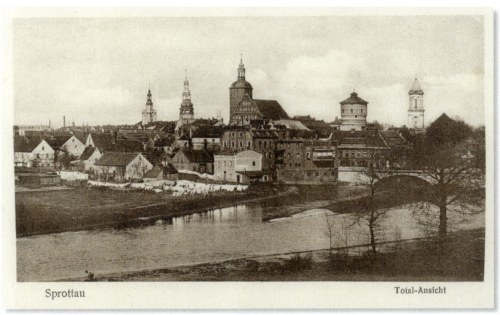

Am Mühlgraben standen mehrere Mühlen, die die Wasserkraft des Bobers ausnutzten.

An der Niederen Straße, der nördlichen Handelsroute nach Osten, wurde 1254 die Stadt Sprottau gegründet. Auf dem für die mittelalterlichen Stadtgründungen charakteristischen rechteckigen Ring steht das zweitürmige Rathaus.

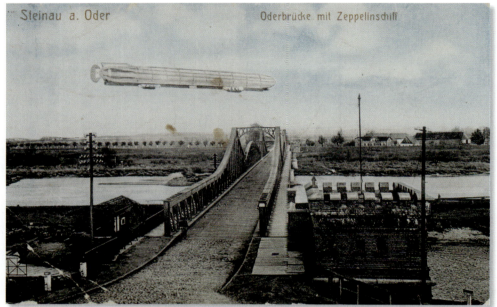

Das Bild, das den Zeppelin über der Oder bei Steinau zeigt, wurde vermutlich im Herbst 1913 aufgenommen, als von Posen der Zeppelin nach Breslau zu den Kaisermanövern fuhr.

Die Gesamtlänge der zwischen 1900 und 1902 errichteten Oderbrücke bei Steinau beträgt wegen des jahreszeitlich erheblich schwankenden Wasserspiegels 349 Meter.

Das Kloster der Barmherzigen Brüder in Steinau, das sich der Pflege kranker Männer widmete, wurde 1864 nach zweijähriger Bauzeit eröffnet.

Der erste urkundliche Beleg für die an einem günstigen Oderübergang gelegene Stadt Steinau ist von 1259, doch erfolgte die deutsche Stadtgründung bereits zuvor.

Der Turm des nach einem Brand 1706 wieder hergestellten Rathauses von Strehlen überragt die Stadt sichtbar.

In Anlehnung an eine herzogliche Burg erfolgte 1292 die Stadtgründung Strehlens. Von wirtschaftlicher Bedeutung war vor allem der Granitabbau.

Im Dreißigjährigen Krieg erlebte die Stadt Striegau einen völligen Niedergang und erholte sich von den Folgen nur langsam. Haupterwerbszweig wurde die Granitgewinnung, daneben siedelten sich auch andere Industrien an.

Die Häuser auf dem Ring in der 1239 gegründeten Stadt Striegau weisen die für schlesische Tuchmacherstädte typischen Laubengänge auf.

Die katholische Kirche von Tillendorf bei Bunzlau ist ein gotischer Bau mit kreuzgewölbtem Chor aus dem 14. Jahrhundert.

Das auf dem linken Oderufer befindliche Schloss Tillowitz wurde 1824 errichtet. Das hufeisenförmige Anwesen ist von einer großzügigen Parkanlage umgeben.

Trebnitz bekam 1250 deutsches Stadtrecht verliehen. Die nahe bei Breslau gelegene Kleinstadt ist seit 1888 Kurort.

Das Kloster Trebnitz wurde 1202 durch Herzog Heinrich I. und seine Gattin Hedwig gegründet. Die Heilige Hedwig, Schutzpatronin der Schlesier, ist dort begraben.

Die Stadt Trebnitz war überwiegend landwirtschaftlich geprägt. Seit der Eisenbahnanschluss nach Breslau existierte, diente Trebnitz insbesondere als eine Art Wohnstadt für Breslau.

Nordwestlich von Naumburg am Queis liegt Ullersdorf, dessen wirtschaftliche Grundlage die Porzellanerde und entsprechend die Tonwarenfabrikation war.

Waldenburg ist um 1250 als Burgdorf entstanden. Die Erhebung zur Stadt nach deutschem Recht erfolgte erst mehr als 150 Jahre später.

Neben dem Bergbau spielte in Waldenburg die Leinenweberei seit dem 16. Jahrhundert eine wichtige Rolle. Mit dem Anschluss an das Eisenbahnnetz 1853 entwickelte sich die Handelsstadt zum Industriestandort.

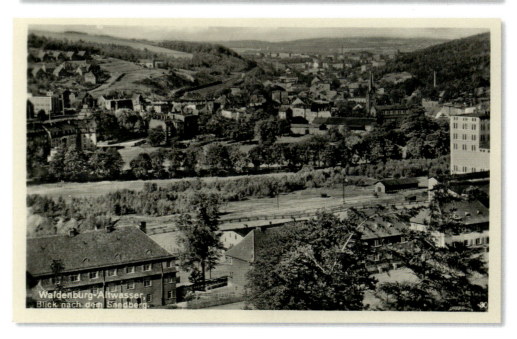

Bedeutung erlangte Altwasser zunächst als Kurort, doch wurde der Badebetrieb 1873 eingestellt. Mitte des 19. Jahrhunderts setzte die Entwicklung zum Industrieort ein. Über Schlesien hinaus bekannt wurde die Porzellanfabrik von Carl Tielsch.

Im 19. Jahrhundert wurde Waldenburg zum Mittelpunkt des niederschlesischen Bergbaugebietes. In der Stadt und den umliegenden eingemeindeten Dörfern siedelten sich zahlreiche unterschiedliche Industriebetriebe an.

Seine Blütezeit erlebte der Kurort Bad Warmbrunn im 19. Jahrhundert als neue Quellen erschlossen wurden und ein Eisenbahnanschluss an Berlin und Hirschberg entstand.

Gauturnfest des Riesengebirgs-Turngaues Kreis II, anlässlich des 60. Stiftungsfest des Turnvereins Warmbrunn e.V. am 19. – 21. August 1911.

Nach langen Bemühungen wurde der Badeort Bad Warmbrunn 1935 endlich zur Stadt erhoben, was er dem Charakter nach schon lange war.

Der Tallsackmarkt in Bad Warmbrunn ist ein jährliches Volksfest, benannt nach den dort verkauften Pfefferkuchenmännern, den so genannten „Tallsäcken".

Alljährlich an Palmsonntag fand in Bad Warmbrunn der Tallsackmarkt statt, der viele Besucher von nah und fern anzog.

Der inmitten des Hirschberger Tales gelegene Kurort Bad Warmbrunn verdankt seinen Namen den warmen, schwefelhaltigen Quellen, die seit vielen Jahrhunderten genutzt werden.

Viele bekannte Gäste hielten sich im 18. und 19. Jahrhundert in Bad Warmbrunn auf, so Johann Wolfgang von Goethe, Carl von Holtei und der spätere Präsident der Vereinigten Staaten John Quincy Adams.

Groß Wartenberg, unweit Breslaus gelegen, ist 1276 erstmals als Stadt belegt. Das Schloss der Standesherren wurde 1853 im historisierenden Stil ausgebaut.

Der Winziger „Lustwald" war eine Art Freizeitpark, neben einem Gesellschaftshaus wurde in den 1920er Jahren ein Tennisplatz und schließlich ein Freibad angelegt.

Die 1285 gegründete Stadt Winzig erlangte vor allem Bedeutung als Handelsplatz der im Umland angebauten landwirtschaftlichen Produkte.

Die Provinzial-Fürsorge-Anstalt in Wohlau, 1904 eröffnet, lag an der Maltscher Straße. Neben den Wohnhäusern und Werkstätten befand sich auf dem Gelände auch eine Turnhalle und ein Sportplatz.

123

Die Königliche Unteroffizier-Vorschule in Wohlau, dahinter ist die katholische Kirche, rechts davon die Turnhalle des ATV Wohlau zu sehen.

Die nach dem Großbrand von 1781 entstandenen Bebauung am Ring in Wohlau wies den typischen Charakter einer friederizianischen Stadt auf.

Ende des 19. Jahrhunderts gewann in der unter der Heuscheuer gelegenen Stadt Wünschelburg die Sandsteinindustrie an Bedeutung. Zahlreiche Gebäude in Berlin, so auch das Reichstagsgebäude sind aus Wünschelburger Sandstein.

Der in der Nähe von Waldenburg gelegene Ort Wüstegiersdorf wurde, nachdem der Bergbau zum Erliegen gekommen war, im 19. Jahrhundert ein Zentrum der Leinenweberei

Ankunft und Abfahrt des ersten Zuges in Wüstewaltersdorf am 22. Juni 1914, dem Tag, an dem die neue Kleinbahnstrecke von Hansdorf nach Wüstewaltersdorf eröffnet wurde.

Die Barbarakirche in Wüstewaltersdorf wurde 1548 erbaut und ist seit 1654 katholisch.

In der zweiten Hälfte des 19. Jahrhunderts entwickelte sich Wüstewaltersdorf zum Zentrum der Baumwollproduktion.

Der Ort Wüstewaltersdorf im Eulengebirge entwickelte sich nach dem Bau der Gebirgs-Bahn 1914 auch zu einem beliebten Wintersport- und Erholungsort

Die im Vorland des Altvatergebirges gelegene Stadt Ziegenhals wurde zwischen 1220 und 1232 gegründet. Seit dem 19. Jahrhundert ist es ein anerkannter Kurort.

Beim Neubau der Pfarrkirche St. Lorenz in Ziegenhals 1729 wurde das aus der Mitte des 13. Jahrhunderts stammende Portal beibehalten. Die Türme erhielten 1907 ihre Barockhauben.

Die am Fuße des Zobtenberges gelegene Stadt Zobten bekam 1148 ihr Marktrecht bestätigt und ist somit der älteste bezeugte Marktort Schlesiens.

Die Ackerbürgerstadt Zobten hatte aufgrund ihrer von den Hauptverkehrswegen entfernte Lage weder als Handelsplatz noch Industriestandort Bedeutung. Doch nahm mit dem Anschluss an die Eisenbahn der Ausflugsverkehr stark zu.

Die im Altvatergebirge gelegene Stadt Zuckmantel war bis zum Dreißigjährigen Krieg eine bedeutende Bergbaustadt, konnte an diese Tradition später aber nicht mehr anknüpfen.

Um die Mitte des 13. Jahrhunderts wurde entlang der Handelsstraße von Grünberg nach Meseritz die Stadt Züllichau planmäßig angelegt. Sie war Umschlagplatz für Waren nach Polen und Russland.

Breslau

Die Stadt Breslau ist über die Jahrhunderte hinweg bis heute wirtschaftlicher und kultureller Mittelpunkt Schlesiens. Frühe Zeugnisse gehen auf die Zeit um 900 n. Chr. zurück, als Herzog Wratislaw (894–921) von Böhmen an einem günstigen Oderübergang eine Burg errichtete. Um 1000 n. Chr. wurde das Bistum Breslau als Teil des Erzbistums Gnesen gegründet. Erste romanische Kirchen, so die von Peter Wlast gestiftete Vincenzkirche, das Marienkloster und die Marienkirche auf dem Sande, entstanden bereits im Laufe des 12. Jahrhunderts. Einen bedeutenden Einschnitt in die Geschichte der Stadt stellte der Einfall der Mongolen 1241 dar, als die Einwohner auf die Dominsel flüchteten und ihre Stadt selbst anzündeten. Ein Jahr darauf wurde Breslau als deutsche Stadt neu gegründet. Der Ring wurde etwas südlich der bisherigen Siedlung angelegt. Breslau weist wie die meisten schlesischen Städte den typischen Stadtgrundriss der Kolonialstädte auf: Der rechteckige Ring mit dem in der Mitte befindlichen Rathaus, ringsherum ordnen sich schachbrettartig die Straßen an. Breslau lag an der Kreuzung zweier wichtiger Handelswege, der von Westen nach Osten führenden Hohen Straße und der in Nord-Süd-Richtung verlaufenden Bernsteinstraße. Aufgrund seiner Bedeutung als Warenumschlagplatz wurden bei der Neugründung neben dem Ring zwei weitere Marktplätze, Salzmarkt und Neumarkt, eingerichtet. 1261 bekam Breslau das Magdeburger Stadtrecht verliehen. In der Folgezeit entwickelte es sich rasch zur größten und reichsten Stadt Ostdeutschlands und einer der größten Städte Deutschlands insgesamt. Seine größte Reichweite erlangte der Breslauer Handel Ende des 14. und im 15. Jahrhundert. Von 1387 bis 1474 gehörte Breslau der Hanse an.

Während dieser Zeit herrschte eine rege Bautätigkeit in Breslau, zahlreiche Kirchen und andere öffentliche Gebäude, so auch das gotische Rathaus, wurden neu erbaut oder erweitert. Die umfangreiche Bautätigkeit, die im Stadtbild markante Bauwerke hinterlassen hat, wurde durch große Gewinne des Handels ermöglicht, die auch das Handwerk aufblühen ließen.

In der Folge kriegerischer und politischer Auseinandersetzungen kam es über die Jahrhunderte immer wieder zu Einschränkungen des Warenverkehrs und zu einer Verschiebung der Handelsbeziehungen insgesamt. Insbesondere der Dreißigjährige Krieg fügte Stadt und Wirtschaft großen Schaden zu. Im Zuge der Gegenreformation hielten dann zahlreiche Orden Einzug in Breslau. Auch der Handel fand neue Wege über Amsterdam und Antwerpen, nach der Fertigstellung des Friedrich-Wilhem-Kanals auch über Hamburg. Um 1700 begann eine neue Blütezeit, es entstanden die bis heute die Stadt prägenden prachtvollen Barockbauten. Neben zahlreichen Kirchen und Klosteranlagen wurden auch repräsentative Bürgerhäuser gebaut.

Breslau ging 1741 an Preußen über und wurde Haupt- und Residenzstadt. Die Befestigungsanlagen der Stadt wurden modernisiert und mehrfach erweitert. Es entstand eine Reihe klassizistisch geprägter Gebäude. Die drei Schlesischen Kriege und der Anschluss an Preußen bedeuteten für die Stadt einen politischen und kulturellen Umbruch. Die Wirtschaft stagnierte infolge der preußischen Handelspolitik und der wachsenden Konkurrenz aus Leipzig.

Die Rheinbundtruppen eroberten Breslau 1807 und hielten es bis 1808 besetzt. Unter Napoleon wurden die Festungsanlagen geschliffen, es entstanden breite Grüngürtel in der Stadt und durch den Abbruch der Stadtbefestigung wurde ein Zusammenwachsen der Innenstadt mit den Außenbezirken ermöglicht. Im Jahre 1810 erfolgte die Säkularisation und sämtliche Kirchen und Klosteranlagen fielen an den Staat, sie wurden unterschiedlichen anderen Nutzungen zugeführt.

Breslau wurde 1813 zum Ausgangspunkt der Befreiungskriege gegen Napoleon. Hier erließ Friedrich Wilhelm III. den „Aufruf an mein Volk" und stiftete das Eiserne Kreuz. Architektonisch wurde die Zeit vom Klassizismus geprägt, vor allem durch Carl Gotthard Langhans und seinen Sohn Carl Ferdinand Langhans.

Eine weitere einschneidende Veränderung stellte der Anschluss an die Eisenbahn im Jahr 1842 dar. Ein schneller Ausbau des Schienenetzes sorgte dafür, dass Breslau innerhalb von nur 20 Jahren mit allen wichtigen Zentren verbunden war, wodurch die Stadtentwicklung einen deutlichen Auftrieb erhielt. Der Ausbau der unteren Oder in der zweiten Hälfte des Jahrhunderts zum Großschifffahrtsweg begünstigte die Ansiedlung und Entwicklung der Industrie in Breslau. Aufgrund des industriellen Aufschwungs wuchs die Stadt zügig, im dritten Viertel des 19. Jahrhunderts stieg die Einwohnerzahl Breslaus um hundert Prozent. Dies zog eine sichtbare Urbanisierung der Vorstädte und eine deutliche Veränderung der Wohnverhältnisse nach sich, Konzepte zur Stadtentwicklung wurden entworfen. Auch die Infrastruktur wurde entsprechend den veränderten Verhältnissen erweitert und modernisiert. Zu Beginn des 20. Jahrhunderts war Breslau eines der führenden Handels- und Industriezentren Deutschlands. Die Wirtschaftsstruktur war bestimmt von der weiterverarbeitenden Industrie. Zudem erlangte Breslau als Stätte der Wissenschaft und Kunst wachsende Bedeutung. Zu der traditionsreichen, 1811 neugegründeten Universität kam 1910 noch die Technische Hochschule hinzu. Infolge des Versailler Vertrages erlitt Breslau starke Einbußen durch die Abtretung der Provinz Posen sowie eines Teiles von Oberschlesien an Polen und den damit verbundenen Verlusten wichtiger Wirtschaftskontakte. Im Laufe der 1930er Jahre konnte es sich aber davon erholen. Im Zweiten Weltkrieg stark zerstört, wurde der alte Stadtkern restauriert und die Stadt präsentiert sich heute als junge und dynamische Metropole. Breslau ist eine der größten und wirtschaftlich wie kulturell bedeutendsten Städte Polens.

Vom Turm der Elisabethkirche hat man einen hervorragenden Blick über den Ring hinweg zur Maria-Magdalenen-Kirche und die ganze Stadt.

Mit der Industrialisierung und der wachsenden Bevölkerung dehnte sich Breslau mehr und mehr aus, zwischen 1868 und 1928 kam es kontinuierlich zu Eingemeindungen von Breslauer Vororten.

Am Striegauer Platz geht die Friedrich-Wilhelm-Straße in die Frankfurter Straße über.
Die Hauptausfallstraße nach Westen verlief auf der Trasse einer alten Handelsstraße.

Die nach der Kaiserin Augusta, der Gemahlin Kaiser Wilhelm I. benannte Augustastraße war sehr lang und querte insgesamt 14 Straßen.

Die nach dem am Beginn der Straße liegenden Kloster der Barmherzigen Brüder benannte Brüdergasse nahm hier an der Klosterstraße ihren Anfang.

Vom Dom geht der Blick über die Dombrücke zur Sandkirche. Im Mittelalter und lange danach hatte jeder Landesfürst, der die Dominsel, die „Terra sancta", betreten wollte vom Pferd zu steigen und nur barhäuptig über die Brücke zu kommen.

Die Gartenstraße, benannt nach den hier früher befindlichen Gärten der Breslauer Bürger, trifft vor dem Bahnhofsplatz auf die Taschenstraße, die erst nach dem Bau des Bahnhofs bis dorthin verlängert worden war.

Die Weißgerberohle, ehemaliger Flusslauf der Ohle, hat auch nach dessen Zuschüttung den Namen behalten. Bekannt wurde sie durch den Roman „Soll und Haben" von Gustav Freytag.

Die seit der Stadtgründung existierenden Alten Fleischbänke lagen hinter der Elisabethkirche. Die zunächst offenen Verkaufsstände wurden nach und nach von festen Häusern ersetzt.

Die durch die Südstadt verlaufende Kaiser-Wilhelm-Straße erhielt ihren Namen 1877 zu Ehren Kaiser Wilhelm I.. Sie galt als die vornehmste Straße Breslaus.

Die Nikolaistraße war eine der ältesten Straßen Breslaus, sie führte vom Ring bis zum Nikolaitor, später darüber hinaus bis zum Königsplatz.

Die Ohlauerstraße ist neben der Schweidnitzer die einzige Straße in Breslau, die nach der benachbarten Stadt benannt ist, in deren Richtung sie führt.

Die nach Plänen von Oberbaurat Lüdecke zwischen 1864 und 1867 errichtete neogotische Neue Börse befand sich in der Graupenstraße.

Die Weißgerbergasse, benannt nach den dort lebenden Weißgerbern, ist eine der parallel zum zugeschütteten Ohlebett verlaufenden Gassen.

Schon 1292 war die Ohle mit ihrem Flusslauf zwischen Dominikanerplatz und Odermündung als bewässerter Wallgraben um den Stadtkern geführt worden. Die einzelnen Abschnitte hatten unterschiedliche Namen, wurden aber 1866 alle zugeschüttet.

Die Schweidnitzer Straße führte vom Ring in südliche Richtung und war eine der schönste und belebtesten Geschäftsstraßen Breslaus.

Auf dem Königsplatz trafen die aus der Altstadt kommende Reusch- und Nikolaistraße auf die Friedrich-Wilhelm-Straße.

Im Westen der Stadt, wo früher das Nikolaitor stand, befand sich der Königsplatz. Der Platz wurde 1822 angelegt. Der monumentale Bismarckbrunnen verlieh dem Platz ein repräsentatives Aussehen.

Als Sonnenplatz wurde der Platz bezeichnet, an dem die Sonnenstraße auf die Gräbschener- und die Gartenstraße traf.

Der einstige Salzring wurde schon bei der Stadtgründung gleich neben dem großen Ring angelegt und 1824 zu Ehren des Generalfeldmarschalls in Blücherplatz umbenannt.

An der Nordwestecke des Ringes ragt der markante Turm der Elisabethkirche empor. 1529 stürzte die gotische Turmspitze auf den Ring. Einige Jahre später wurde sie durch eine Renaissancehaube ersetzt.

Der Blick von oben zeigt deutlich den für ostdeutsche Städte typischen Stadtgrundriss mit rechteckigem Ring und schachbrettförmigem Straßengrundriss.

Die Ostseite des Rings wurde auch als Grüne-Röhr-Seite bezeichnet, benannt nach einem alten Röhrenbrunnen mit grünem Brunnenhaus, der dort stand.

Die Westseite des Rings, auch Siebenkurfürstenseite genannt, zierte das Reiterstandbild Friedrich II. von August Kiß.

Das Gewerkschaftshaus wurde 1912/13 von dem Baumeister Max Matthis errichtet. Zehn Jahre später wurde das imposante Jugendstilgebäude in der Magaretenstraße noch erweitert.

Da das alte Schulgebäude des ehrwürdigen Elisabethgymnasiums zu eng wurde, entstand 1903 nahe der Teichäcker-Promenade ein Neubau.

Seit 1811 beherbergte das ehemalige Matthiasstift das katholische Matthiasgymnasium. Der Barockbau wurde von Simon Wiedemann errichtet.

Schülerinnen des katholischen Pensionats der Ursulinen in Breslau-Carlowitz beim Croquetspiel.

Auch die Gartenarbeit stand auf dem Stundenplan der Schülerinnen der 1765 gegründeten Ursulinenschule, die später in das neue Kloster in Carlowitz zog.

Die staatliche Baugewerkschule ging aus einer Fachklasse der Kunstgewerbeschule hervor. 1904 zog sie in das neue Gebäude am Lehmdamm.

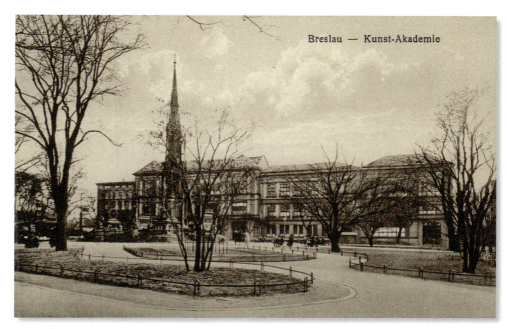

Die Breslauer Kunstakademie, die seit 1868 in einem eigenen Akademiegebäude an der Ziegelbastion untergebracht war, ging aus der durch König Friedrich Wilhelm III. initiierten Kunstschule hervor.

Zur Erinnerung an die Befreiungskriege plante man 1913 eine große Ausstellung. Die von Prof. Hans Poelzig konzipierte Anlage entstand im Scheitniger Park.

Blick von der 800 m langen Pergola von H. Poelzig, die hufeisenförmig um ein 10 500 m² großes Wasserbecken angelegt worden ist, zur Jahrhunderthalle.

Anlässlich der Feierlichkeiten zum hundertjährigen Jubiläum der Befreiungskriege entstand zwischen 1911 und 1913 die von Max Berg entworfene Jahrhunderthalle, die damals als Wunderwerk der Technik gefeiert wurde.

Das Krankenhaus der Landesversicherungs-Anstalt in der Höfchenstraße entstand um 1900.

Das städtische Wenzel-Hancke-Krankenhaus wurde 1878 eröffnet und wurde in den folgenden Jahrzehnten mehrfach erweitert.

Durch das Klösseltor, ein mittelalterlicher Schwibbogen, der die kleine St.-Aegidien-Kirche und das Kapitelhaus verbindet, schaut man auf die Nordseite der Kurfürstenkapelle am Ostchor des Domes.

Das Postcheckamt entstand zwischen 1926 und 1929 und war Breslaus erstes Hochhaus. Der elfgeschossige Turm war etwa 200m hoch.

Ein Pinienzapfen auf dem Dachfirst des Klösseltores gab ihm seinen Namen, da der Zapfen so verwittert ist, dass er mehr wie ein runder Kloß aussieht. Um dieses steinerne „Klößel" rankt sich eine nette Legende.

Die Markthalle am Ritterplatz wurde 1908 eröffnet. Über Jahrzehnte änderte sich an dem regen Markttreiben im Inneren des roten Klinkerbaus kaum etwas.

Die Markthalle an der Friedrichstraße wurde 1908 eröffnet und ist von Baumeister Klinner errichtet worden.

Seit 1911 befindet sich die auf Friedrich II. zurückgehende Institution des Königlichen Oberbergamtes in diesem Gebäude am Kaiser-Wilhelm-Platz.

Die eher schmucklose Westfassade des Rathauses wurde 1885 neu gestaltet, der Rathausturm wurde bereits 1275 errichtet, im Laufe der Jahrhunderte aber mehrfach umgestaltet.

Der große Saal ist mit prächtigen Krag- und Schlusssteinen der Gewölberippen ausgestattet, die eine Vielzahl von Motiven aufweisen.

Im 15. Jahrhundert entstand die Südfassade des Rathauses mit den reich geschmückten Erkern, Bauplastiken und Friesen.

Die Prunkseite des Breslauer Rathauses ist der Ostgiebel mit seinem Fialenschmuck und aufgesetztem Maßwerk.

Das spätgotische Rathaus auf dem Ring hat bis zu seiner Vollendung über die Jahrhunderte hinweg eine wechselvolle Baugeschichte.

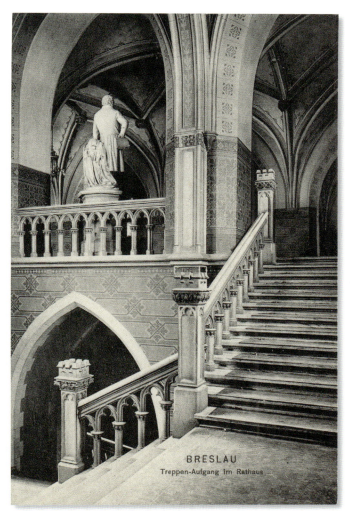

Der repräsentative Treppenaufgang zum Großen Saal wurde erst bei dem Rathausumbau 1890 angelegt.

Das Stadthaus, das an Stelle des alten Leinwandhauses errichtet wurde, war 1863 bezugsfertig. In der ersten Etage richtete man die erste Breslauer Stadtbibliothek ein.

Das Breslauer Schloss erwarb Friedrich II. 1750 von den Erben des einstigen Besitzers Freiherr von Spaetgen und ließ es von seinem Baudirektor erweitern und ausbauen.

Im Königlichen Schloss befand sich seit 1925 das Schlossmuseum. Neben Originalmobilar wurden dort auch wertvolle Porzellansammlungen sowie Kunstschätze aus ehemals kirchlichem Besitz präsentiert.

Der dem Schloss im Auftrag König Friedrich II. angefügte Neubau wurde der Zeit entsprechend bewusst schmucklos und schlicht gehalten.

Der große Festsaal im Breslauer Schloss war der repräsentativste Raum des friederizianischen Baus. Er wurde 1753 ausgestattet.

Am Ufer der Oder entstand zwischen 1904 und 1910 nach Entwürfen Ludwig Bürgermeisters der repräsentative Bau der Technischen Hochschule. Die Eröffnung erfolgte in Anwesenheit Kaiser Wilhelm II.

Dem Hauptgebäude der Technischen Hochschule gegenüber lag das Studentenhaus, das 1929 erbaut wurde. Von der Terrasse bot sich ein schöner Blick auf die Oder.

Das 1728 bis 1744 errichtete Universitätsgebäude, ein ehemaliges Jesuitenkolleg gilt als herausragendes Barockgebäude Schlesiens. Obwohl das Gebäude kleiner als geplant gebaut wurde, ist die Fassade 135 m lang.

Im rechten Flügel der Breslauer Universität liegt in der 1. Etage die prächtige Aula Leopoldina, der prachtvolle Barocksaal mit dem Deckenfresko von Christoph Handke.

Eigentlich war beim Bau der Universität über dem Kaisertor, das die Universitätsbrücke mit der Schmiedebrücke verband, ein Glockenturm geplant, doch infolge der Schlesischen Kriege konnte dies nicht mehr umgesetzt werden.

Die erste Aktiengesellschaft, die einen elektrischen Straßenbahnverkehr einrichtete, wurde 1893 gegründet und war die dritte in Deutschland. Um die Jahrhundertwende wurde die städtische Eisenbahngesellschaft gegründet, deren Verwaltungsgebäude sich in der Lohestraße befand.

Anstelle der einstigen Burg als Jesuitenkolleg errichtet, beherbergt das beeindruckende barocke Gebäude seit 1811 die Friedrich-Wilhelm Universität.

Das 1897 eröffnete Hallenbad in der Zwingerstraße wurde elf Jahre später durch das hier abgebildete Frauenbad erweitert.

1871 wurde das Wasserhebewerk am Weidendamm in Betrieb genommen. Zu Beginn des 20. Jahrhunderts wurde es entsprechend der wachsenden Bedürfnisse ausgebaut.

Der Wasserturm in der Hohenzollernstraße wurde 1905 als Wasserausgleichswerk für die Südstadt gebaut. Der 62 m hohe, in historisierender Ziegelsteinarchitektur errichtete Turm wurde bald zu einem Wahrzeichen der Südstadt.

Die St.-Adalbert-Kirche, die Mitte des 13. Jahrhunderts den Dominikanern überlassen wurde und deshalb auch „Dominikanerkirche" genannt wird, ist eine der ältesten Kirchen Breslaus

Die Grundsteinlegung für das Kloster der Barmherzigen Brüder in Breslau fand 1715 statt. Der Kirchenbau dauerte bis 1722.

Für die katholischen Bewohner des Odertorviertels wurde 1897/98 eine dreischiffige Basilika im romanischen Stil erbaut, die dem hl. Bonifatius geweiht wurde.

Die dreischiffige Christophoriekirche ist in ihrer heutigen Form um 1400 entstanden. Mit dem steil heruntergezogenen Dach und dem relativ kleinen Kirchturm wirkt sie wie eine kleine Vorstadt- oder Dorfkirche.

Mehrfach erlitt der Dom durch Brände auf der Dominsel Schäden, wobei auch die Turmhelme zerstört wurden. Nach dem Brand 1759 erhielt der Dom zeltförmige Notdächer, die erst 1913 ersetzt wurden.

Der Breslauer Dom, mit dessen Bau vermutlich 1244 begonnen wurde, ist Johannes dem Täufer geweiht. Die steinerne Johannesfigur an der Nordseite stammt noch von dem Vorgängerbau des heutigen Doms.

Zunächst wurde 1913 das Zeltdach des Südturmes durch eine neuen Spitze ersetzt, die Spitze auf dem Nordturm ist aufgrund des Ersten Weltkrieges vereinfacht.

Die Statue von Maria mit dem Jesuskind vor dem Portal des Breslauer Doms stammt von 1694.

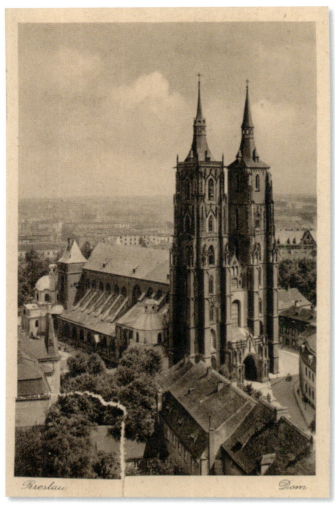
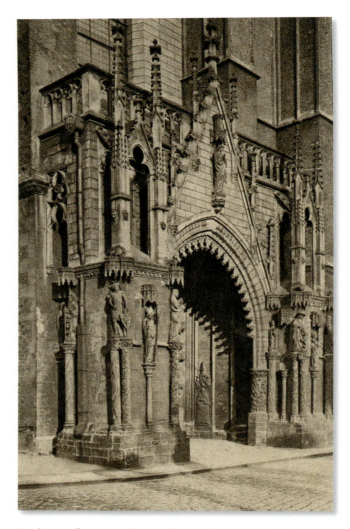

Der Breslauer Dom ist eine dreischiffige, gotische Basilika mit Chorumgang und einem nachträglich angefügten Kapellenkranz, die Westtürme wurden Mitte des 14. Jahrhunderts fertiggestellt, die anderen beiden Türme nie vollendet.

In die im französisch gotischen Stil gehaltene Vorhalle des Doms wurden die Säulenreste des ersten romanischen Doms unterhalb des Eingangsbogens eingebaut.

Während der Barockzeit wurden die prachtvollen, barocken Kapellen angebaut: die Elisabeth-, die Kurfürsten-, die Sanctissimus- und die Totenkapelle.

Die Barbarakirche am Königsplatz war einst Begräbniskirche, später Filialkirche von St. Elisabeth und unter Friedrich II. schließlich protestantische Garnisonskirche.

Im Inneren der Barbarakirche befanden sich wertvolle Epitaphien und Kunstwerke, zu den wertvollsten Fresken zählten die Darstellungen der Hedwigslegende.

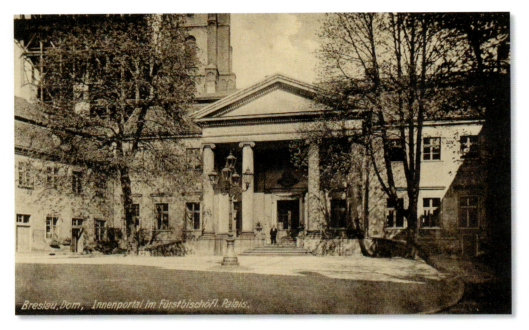

Nach dem großen Brand auf der Dominsel wurde 1802 eine neue bischöfliche Residenz errichtet, deren Innenhof den Abschluss des dreiflügeligen Gebäudes bildet.

Ihre heutige Gestalt erhielt die Elisabethkirche Mitte des 14. Jahrhunderts. Der Vorgängerbau entstand bereits kurz nach dem Mongolensturm und der damit verbundenen Zerstörung der Stadt.

Die Erlöserkirche im Norden Breslaus, zwischen 1902 und 1904 errichtet, zählt zu den jüngeren evangelischen Pfarrkirchen.

Ein großartiger Ausblick bietet sich von dem 103 m hohen Turm der Elisabethkirche. Die Spitze des ursprünglich noch höheren Turmes stürzte 1529 zu Boden und wurde später durch eine Renaissancehaube ersetzt.

Bereits 1525 wurde die Elisabethkirche, deren erster evangelischer Prediger Dr. Ambrosius Moibanus war, protestantisch und blieb es bis zum Zweiten Weltkrieg.

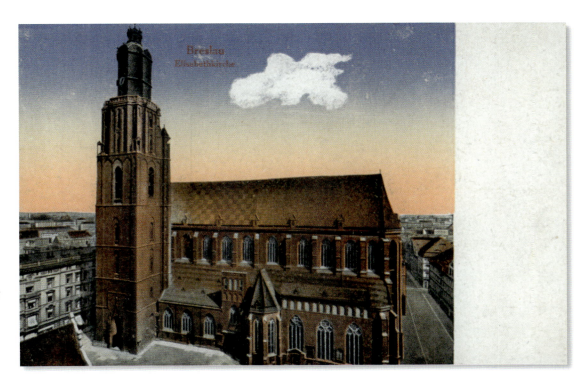

Die Elftausend-Jungfrauen-Kirche ist eine der jüngeren evangelischen Kirchen. Sie wurde 1820 durch Carl Ferdinand Langhans errichtet.

Die Kreuzkirche ist eine Doppelkirche; die Unterkirche ist dem Hl. Bartholomäus geweiht, die dreischiffige Oberkirche wurde im 14. Jahrhundert fertiggestellt.

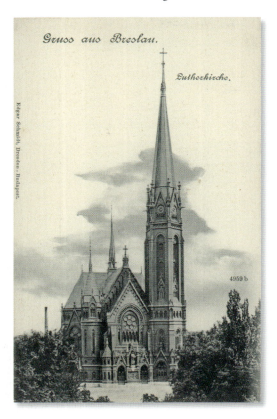

Die Lutherkirche zählt ebenfalls zu den sechs im 19. Jahrhundert entstandenen, evangelischen Kirchen. Mit dem Bau der neogotischen Backsteinkirche wurde 1893 begonnen.

Die St. Matthiaskirche, 1689 erbaut, gilt als die schönste Barockkirche Breslaus. Erst 1704 wurde mit der Stuckierung der Wände und Decken und der Ausmalung mit Fresken begonnen.

Der heutige Bau der Maria-Magdalenen-Kirche ist in der zweiten Hälfte des 14. Jahrhunderts entstanden. Die Verbindungsbrücke zwischen den beiden Türmen wurde im Volksmund die „höchste Brücke Breslaus" genannt.

Im 72m hohen Südturm der Maria-Magdalenen-Kirche hängt die „Arme-Sünder-Glocke", die durch das Gedicht von Wilhelm Müller „Der Glockenguss zu Breslau" bekannt wurde.

Die Grundsteinlegung zu dem heutigen Bau der Michaeliskirche erfolgte 1862. Der während des Baus eingestürzte Nordturm wurde nicht mehr vollendet, sondern mit einem Spitzdach in halber Höhe belassen.

161

Der erste Spatenstich für die Pauluskirche am Striegauer Platz erfolgte 1910. Drei Jahre später wurde die „größte Kirchenbauanlage Preußens" eingeweiht.

Die Pauluskirche am Striegauer Platz war im Neorenaissancestil erbaut worden. Der mächtige Turm teilte sich im oberen Drittel in einen Zwillingsturm mit Renaissancehaube.

Die Sand- sowie die Dominsel waren vermutlich schon zur Zeit des Mongolensturms 1241 befestigt, denn dorthin flüchtete sich die Bevölkerung, nachdem sie die Stadt zum Schutz vor den Mongolen angezündet hatte.

Von der Oderpromenade hat man einen wunderbaren Blick auf Sand- und Dominsel; bis heute ein beliebtes Fotomotiv, mit und ohne Personen im Vordergrund.

Die Sandkirche in ihrer heutigen Form entstand Mitte des 14. Jahrhunderts. Nach einem verheerenden Brand 1730 wurde der Turm mit einem flachen Zeltdach abgedeckt.

Die Besiedlung der Sandinsel geht ins 11. Jahrhundert zurück, als Peter Wlast auf der Insel das Stift der Augustiner-Chorherren gründete.

Die Sandkirche erhielt um 1700 eine reichhaltige Barockausstattung, wodurch die nüchterne Strenge aufgehoben wurde.

Das vom ehemaligen Vinzenz-Kloster stammende romanische Portal an der Maria-Magdalenen-Kirche ist das einzige architektonische Relikt aus der Zeit vor dem Mongolensturm.

In der zweiten Hälfte des 16. Jahrhunderts wurde das Innere der St. Vinzenzkirche barockisiert. Sie erhielt entlang der Seitenwände Barockaltäre, mit reichem Schnitzwerk verzierte Beichtstühle und eine große Barockorgel.

Der gotische Kirchenbau der St. Vinzenzkirche entstand um 1400. Vom Stil entspricht der Backsteinbau einer typischen Bettelordenskirche mit langgestrecktem Chorraum und dreischiffigem Langhaus.

Vom 29. August bis 2. September 1909 fand die 56. Generalversammlung der Katholiken Deutschlands in Breslau statt. Zu diesem Anlass wurden Postkarten u. a. mit der Festhalle herausgegeben.

Der neobarocke Kaskadenbrunnen mit Sandsteinfiguren ist 1905 von dem Architekten Gehring und dem Bildhauer Seger gestaltet und dem Reichskanzler Otto Fürst von Bismarck gewidmet worden.

Der Neptunbrunnen auf dem Neumarkt, von der Bevölkerung auch Gabeljürge genannt, wurde 1732 von einem heute unbekannten Künstler errichtet.

Die Neue Synagoge in Breslau, die 1871 vollendet wurde, zählt zu den bedeutendsten Synagogebauten in Deutschland. Der Architekt Edwin Oppler erbaute sie in byzantinisch-romanischem Stil.

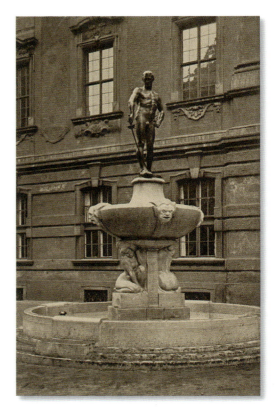

Der Fechterbrunnen an der Südostseite der Universität wurde 1904 von Hugo Lederer (1871-1940) gestaltet.

Das Reiterstandbild zu Ehren Friedrich des Großen wurde 1847 von dem oberschlesischen Bildhauer August Karl Kiß (1802 - 1865) geschaffen.

Der Bildhauer Kuno von Uechtritz schuf 1899 das Denkmal zu Ehren des Generalfeldmarschalls Helmuth Graf von Moltke.

Das Nepomukdenkmal in der Domstraße wurde von dem Bildhauer J. G. Urbansky 1732 zu Ehren des böhmischen Nationalheiligen geschaffen.

Der „Breslauer Verschönerungsverein" ließ 1902 den Kaiser-Wilhelm-Gedächtnisturm auf der Schwedenschanze in Oswitz im altdeutschen Stil errichten.

Auf dem Tauentzienplatz, einst Vieh- und Pferdemarkt, wurde dem Breslauer Gouverneur Tauentzien 1795 ein Denkmal errichtet. Ein Gemeinschaftswerk des Architekten Carl Gotthard Langhans und des Bildhauers Johann Gottfried Schadow.

Das Kaiser-Wilhelm Denkmal am Schweidnitzer Stadtgraben war ein Geschenk der Provinz Schlesien an die Landeshauptstadt. Kaiser Wilhelm II., der Enkel des Geehrten, hat das Denkmal im November 1888 enthüllt.

Als die Kaiserbrücke 1907 eingeweiht wurde, war sie die zweitlängste Hängebrücke Deutschlands.

Die Kaiserbrücke in Breslau gilt als ein Meisterstück der Ingenieurkunst.

Die 116m breite Lessingbrücke wurde nach Plänen des Geheimen Baurat Schwedler aus Berlin gebaut und 1875 dem Verkehr freigegeben.

169

Bei der Passbrücke in Scheitnig handelt es sich um einen der ältesten Oderübergänge. Die eiserne Brücke wurde 1897 errichtet.

Die Sandbrücke ist einer der ältesten Oderübergänge in Breslau. Die Eisenbrücke wurde 1861 gebaut.

Die Universitätsbrücke wurde 1869 vollendet. Der Entwurf stammt von dem Stadtbaurat Kaumann.

Die neue Werderbrücke, an Stelle der seit dem Mittelalter dort bestehenden Holzbrücke, wurde 1905 eröffnet.

Der Freiburger Bahnhof, zwischen 1873 und 1875 im neoklassizistischen Stil erbaut, war ein Kopfbahnhof, in dem die Züge von Breslau in Richtung Schweidnitz, Freiburg und später auch ins Riesengebirge abfuhren.

Der im Tudorstil gehaltene Breslauer Hauptbahnhof ist 1856 von dem Eisenbahnbaumeister Wilhelm Grapow gebaut worden.

Der Breslauer Hauptbahnhof wurde zwischen 1899 und 1904 ausgebaut und erweitert, um dem zunehmenden Passagieraufkommen gerecht zu werden.

Die Verkehrshalle des Breslauer Hauptbahnhofes, durch die Stahlhüttenwerke von Henckel-Donnersmarck errichtet, war 12,50 m breit und 200 m lang.

Der Flughafen in Breslau Gandau wurde zunächst für militärische Zwecke genutzt. Erst 1924 wurde er für den zivilen Flugverkehr freigegeben.

Anlässlich der Landwirtschaftsausstellung 1926 wurde das Empfangs- und Verwaltungsgebäude auf dem Breslauer Flughafen in Betrieb genommen.

Die Rechte-Oder-Ufer- Eisenbahngesellschaft errichtete 1868 einen kleinen Umschlaghafen am rechten Oderufer, der einen Gleisanschluss hatte.

Im Jahre 1888 wurde der Pöpelwitzer Umschlaghafen mit einer Kohlenkippe, diversen Lagerhäusern und Kränen der Frankfurter Güter-Eisenbahn-Gesellschaft übergeben.

Die 1876 als erste Versuchstrecke für die Pferdebahn eingerichtete Linie vom Schweidnitzer Stadtgraben zur Kohlenstraße wurde 1900 über die Endstationen hinaus bis zum Südpark bzw. bis zum Rossplatz erweitert.

Die Straßenbahnlinie 2 führte über etwa 6 1/2 Km vom Odertobahnhof zum Südpark.

Im Winter fror die Oder langsam zu und die Schifffahrt musste aufgrund des Eises wochenlang eingestellt werden. Die Eisschollen, die im Frühjahr und Herbst die Oder hinab trieben, wurden von den Breslauern „Brieger Gänse" genannt.

Am Oderufer gegenüber der Dominsel legen immer wieder Ausflugsdampfer an, die ihre Passagiere vor allem Richtung Zoo und Scheitniger Park bringen.

Die beiden Mühlwehre in Breslau erlaubten nur die Durchfahrt von Finowmaßkähnen. Das erhöhte Schiffsaufkommen erforderte dann Anfang des 20. Jahrhunderts den Bau eines Großschifffahrtsweges außerhalb der Stadt

Am Oderufer nahe Breslaus lag die Brauerei Oderschlößchen.

Fahrkarte der Breslauer Verkehrsbetriebe abgestempelt am 17. Juli 1935. Für 15 Reichspfennig konnte beim Schaffner eine solche Karte erworben werden.

In Breslau gab es zahlreiche Brauereien mit teilweise jahrhunderte alter Tradition. Die Brauerei Schultheiss, die größte Lagerbierbrauerei Deutschlands, zählte zu den bekanntesten Breslauer Bierbrauern.

Der Ladenbesitzer und Meister vor seinem Friseursalon in der Breslauer Innenstadt. Angeboten wurde das Frisieren, Rasieren und Haareschneiden.

Der Breslauer Maschinenmarkt war eine Messe für landwirtschaftliche Fahrzeuge und Maschinen, die jährlich auf dem Breslauer Schlossplatz stattfand, nach dem Ersten Weltkrieg dann auf dem Messegelände in Scheitnig.

Das Wasserwerk am Weidendamm hat eine Gesamtfläche von mehr als 50 000 m². Das würfelförmige Hauptgebäude enthält die Maschinenanlage.

Am Schlossplatz befand sich die Fahrschule Kleist, damals kein alltägliches Geschäft.

Um 1925 betrieb Julius Klein auf der Reuschestraße 23 ein Fleischerei- und Wurstwarengeschäft.

Der Lehrwagen der Autofahrschule Kleist am Schlossplatz in Breslau.

Die Konditorei Adolf Dörner befand sich in der Scheitniger Straße 26.

Die Schaufensterfassade der Konditorei von Ludwig Hirschlik in Breslau.

Als bekanntes und beliebtes Ausflugsziel hatte Wilhelmshafen für die Ausflügler natürlich auch ein Einkehrhaus. Neben der Dampferanlegestelle befand sich das Strandkaffee.

Das Café Silesia in der Ohlauerstr. 38 um 1907.

Das Café Opera in der Gartenstraße 81 in Breslau war um 1910 ein vornehmes Familienlokal mit gepflegtem Ambiente.

Alfred Nippert betrieb 1929 in der Sandstraße 12 Conditorei und Café am Dom mit großzügiger Terrasse.

Im Gasthaus zum Goldenen Zepter trafen sich 1813 Lützow, Jahn, Friesen und Theodor Körner, um das Lützowsche Freicorps aufzustellen.

Das Hotel „Schlesischer Hof" in der Bischofsstraße preist sich selbst als „Haus ersten Ranges" mit „modernstem Komfort" und fünf Festsälen „für alle Anlässe".

Hartelt's Kaffeehaus in dem Breslauer Vorort Masselwitz war ein großes Lokal mit Tanzsaal und großer Außenterrasse.

In dem historisch bemerkenswerten Ort Tinz bei Breslau hatte Friedrich II. ein Jahr vor seinem Tod die letzte große Truppenrevue abhalten lassen.

Das Hotel Wollin lag in der Frankfurter Strasse.

An der Ecke Neue Taschenstraße/Gartenstraße befand sich das traditionsreiche Hotel Kronprinz.

183

Hotel Kronprinz, Breslau

Das Hotel Kronprinz lag vis-à-vis des Breslauer Hauptbahnhofes und warb 1936 mit komfortabel eingerichteten Zimmern mit fließendem Wasser.

Das Hotel Germania am Breslauer Hauptbahnhof rühmte sich auf der Rückseite der Postkarte ein „erstklassiges Reisehotel" zu sein, mit „Restaurant und eigener Dampfwäscherei".

Das Hotel Monopol gegenüber des Stadttheaters wurde 1891/92 von Karl Grosser erbaut und galt bald als führendes Haus allerersten Ranges in Schlesien.

Das Hotel Monopol verfügte über 100 Zimmer, Konferenz- und Gesellschaftsräume und konnte zahlreiche gekrönte Häupter und Prominente bewirten.

Im Untergeschoss des Stadthauses befand sich der Rathauskeller, ein von der Raiffeisengesellschaft betriebenes volkstümliches Speise- und Weinlokal.

Die kleine Belegschaft der Gaststätte Mathäser Bräu präsentiert sich um 1914 vor dem Eingang zu ihrem Lokal.

Die Strehlener Bierhalle war in der Ohlauerstraße und warb als ältestes Konzerthaus mit zwei Künstlerkonzerten täglich.

Karl Pusch's Gaststätte befand sich an der Ecke von Glogauer und Frankfurter Straße.

Richard Winter's Frühstücksstuben und Wurstgeschäft befand sich in der Nähe des Hauptbahnhofes und schenkte das bekannte Breslauer Kipke-Bier aus.

Die „erste Original Wiener-Goulasch-Hütte" stand auf dem Gelände der Jahrhundert-Ausstellung in Breslau 1913.

Der Schweidnitzer Keller war Breslaus volkstümliche Gaststätte. Hier gingen alle Bevölkerungsschichten hinein, ob arm, reich, jung oder alt.

Der Besuch des legendären Schweidnitzer Kellers, in dem sich schon viele prominente Persönlichkeiten aufgehalten haben, ist ein Muss. So heißt es im Volksmund: „Wer nicht im Schweidnitzer Keller war, ist nicht in Breslau gewesen."

An der Südseite des Rathauses unterhalb des Mittelerkers befindet sich der Eingang zum Schweidnitzer Keller, darüber die beiden Steinfiguren der Zecher mit leerem Becher und das keifende Weib mit dem Pantoffel in der Hand.

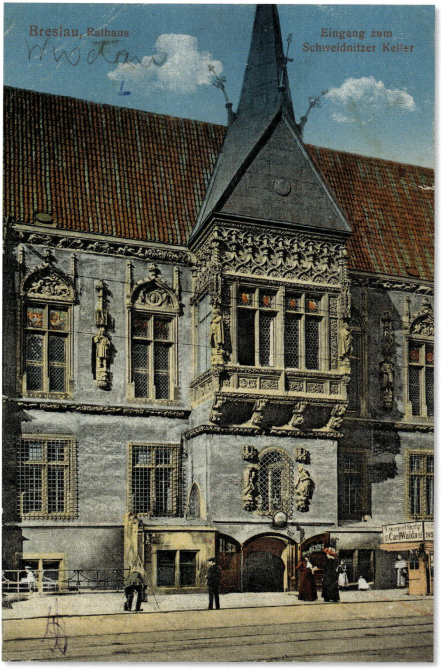

Als „Geburtsurkunde" des „Schweidnitzer Kellers" gilt das Privileg Herzog Heinrichs IV. mit dem er der Stadt das Schrotamtsrecht, das Recht Bier und Wein auszuschenken, verliehen hatte.

189

Das Gartenlokal „Gasthaus zur Hennig Ecke" lag in der Fürstenstraße.

Die kleine Mariahilf-Kapelle der Dominikanerinnen in Breslau

Der im Osten gelegene Vorort Zimpel war ursprünglich ein kleiner landwirtschaftlich geprägter Ort und entwickelte sich in den 1930er Jahren zu einer beispielhaften Gartensiedlung.

Der Vorort Deutsch-Lissa lag etwa 12,5 km westlich der Stadt Breslau entfernt. Das Straßendorf wurde 1928 nach Breslau eingemeindet.

Die Gartensiedlung Carlowitz liegt im Norden Breslaus. Benannt wurde sie vermutlich nach Karl IV (1346-1378), unter dessen Regierung Breslau seine erste Blüte erlebte.

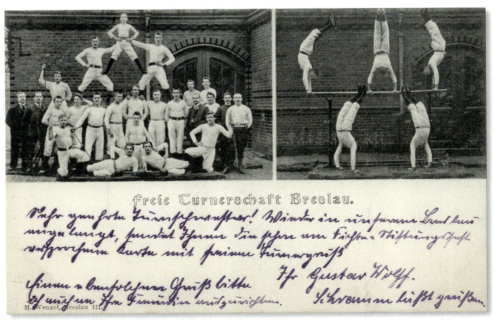

Postkarte der freien Turnerschaft Breslau, geschrieben 1908.

191

Der um 1885 in Schweden gegründete Zirkus Busch hatte insgesamt vier feste Spielstätten in Berlin, Hamburg, Breslau und Wien. Die Breslauer Spielstätte befand sich am Luisenplatz 5.

In dem zwischen 1875 und 1889 entstandenen Museum der Bildenden Künste fanden sich wertvolle Originale bekannter schlesischer Maler, wie etwa Michael Willmann.

Das Museum der bildenden Künste der Provinz Schlesien, mit der zehnsäuligen Vorhalle und der hohen Kuppel ein repräsentatives Gebäude, beherbergte zahlreiche wertvolle Sammlungen.

Das Breslauer Stadttheater in der Schweidnitzer Straße wurde zwischen 1837 und 1841 nach Entwürfen des bekannten Architekten Carl Ferdinand Langhans erbaut.

Ihre Krönung fand die Breslauer Theatergeschichte im Bau des Stadttheaters. Zweimal kurz hintereinander brannte das Theater aus, eröffnete aber stets nach kurzer Zeit wieder.

Das Stadttheater, Breslaus traditionsreiches Opernhaus, diente manchem Sänger und Dirigenten als Sprungbrett für eine erfolgreiche Karriere.

Das dem Zeitgeschmack entsprechend üppig ausgestattete Stadttheater eröffnete 1841 mit dem Trauerspiel „Egmont" von Goethe.

Das 1906 eröffnete Schauspielhaus zählte zu den modernsten Theatergebäuden im Reich und erwarb sich den Ruf, eines der besten Operettentheater zu sein.

Das Viktoria-Theater in der Neuen Taschenstraße war ein bekanntes Varietétheater, in dem Operetten und Revuen aufgeführt wurden.

Zum Sängerbundfest in Breslau trafen sich in der Sängerhalle Chöre aus ganz Deutschland zum gemeinsamen Singen.

Der Neubau der Aula der Technischen Hochschule ermöglichte 1929 den Aufbau einer wertvollen Orgel der Gebrüder Rieger.

Das siebte Deutsche Sängerfest fand 1907 in Breslau statt. Das erste derartige Sängerbundfest war 1865 in Dresden.

Gruppenbild des studentischen Corps Marcomannia, das 1864 gestiftet wurde und die Farben Rot-Weiß-Schwarz trug.

Als Napoleon die Festungsanlagen schleifen ließ, wurden zwar Glacis und Ravelins zerstört, doch die Kasematten der einstigen Ziegelbastion blieben erhalten und wurden von einer Grünanlage überdeckt.

Die 800 m lange Pergola hinter der Jahrhunderthalle bestand aus knapp 600 paarweise angeordneten Säulen und stellte einen harmonischen Übergang vom Ausstellungsgelände in den Scheitniger Park dar.

Die Liebichshöhe auf den Resten der Breslauer Festungsanlagen errichtet, ermöglichte dem Besucher eine schöne Aussicht über den Schweidnitzer Stadtgraben hinweg auf die Stadt.

Im Winter bot sich den Breslauern unterhalb der Liebichshöhe ein wunderbares Wintervergügen: Wenn es kalt genug war, gab es auf dem zugefrorenen Stadtgraben eine große Eisbahn.

Im Jahre 1866 beauftragten die Brüder Adolf und Gustav Liebich den Baumeister Carl Schmidt mit dem Bau eines Belvedere auf dem Hügel der ehemaligen Taschenbastion.

Von der Dampferanlegestelle in Wilhelmshafen blickte man auf den Ottwitzer Werder, im Volksmund auch „Liebesinsel" genannt.

An der oberen Breslauer Oder, nahe der Barthelner Schleuse liegt am rechten Ufer der beliebte Ausflugsort Wilhelmshafen mit Dampferanlegestelle.

Terrassenrestaurant Oderschlößchen

Direkt an der Dampferhaltestelle befand sich das beliebte Ausfluglokal „Wilhelmshafen" und versprach „täglich Konzerte".

In der Breslauer Gartensiedlung Carlowitz befand sich das Ausflugslokal Teichbaude mit seiner gemütlichen Terrasse.

Der an der Kaiser-Wilhelm-Straße gelegene Südpark wurde 1892 von dem Breslauer Gartenbaudirektor Richter angelegt. Dem Stifter des Parkes Julius Schottländer wurde durch den Bau eines Pavillons, dem Schottländerpavillion, gedacht.

Inmitten des Südparks wurde ein Gondelteich angelegt, auf dem man kleine Bootsfahrten unternehmen konnte. Aus dem gewonnen Erdreich wurden kleine Hügel angeschüttet.

Südwestlich des Teiches im Südpark steht das 1899 nach Plänen des Stadtbaurates Klimm erbaute Südpark-Restaurant.

Das Südpark Restaurant lag inmitten der 1892 bis 1894 angelegten Parkanlage am Ufer eines romantischen kleinen Sees.

Der Scheitniger Park wurde in den Jahren 1780 bis 1784 angelegt und diente den Breslauern als Erholungspark, verwilderte aber zusehends und wurde erst Mitte des 19. Jahrhunderts durch Peter Josef Lenné neu angelegt.

201

Eine der Attraktionen des Scheitniger Parks stellte die Ende des 19. Jahrhunderts erbaute Schweizerei dar.

Die Eichhornbrücke ist Teil des Scheitniger Parks, dessen Reiz auch der herrliche alte Baumbestand ausmacht.

Die erste Breslauer Radrennbahn wurde 1886 in Scheitnig-Grüneiche eröffnet. Um die Jahrhundertwende nahm das Interesse an dem Sport so zu, dass die Bahn erweitert werden musste.

Das Café „Zum Schweizer Häuschen" im Scheitniger Park war in den 1920er Jahren ein beliebtes Ziel der Breslauer.

Das Schwimmbad im Breslauer Stadion in Leerbeutel. Das Bad hatte neben einer Wettkampfbahn und einem 10 m-Sprungturm auch ein Nichtschwimmer und Planschbecken und diente auch als Familienbad.

Die alte Breslauer Pferderennbahn lag in Scheitnig, auf dem Gelände, wo später die Jahrhundertausstellung stattfand. Das erste Rennen fand 1833 auf der Bahn statt.

Der 1864 eröffnete zoologische Garten in Breslau hatte, neben dem Haupteingang am Grüneicher Weg, auch von der Oderseite her einen Eingang direkt neben dem Direktionshaus.

Der Haupteingang des zoologischen Gartens, dessen Tor durch zwei lebensgroße Löwen aus Zinnguss bewacht wurde.

Vom zoologischen Garten aus erreichte man über einen Dammweg das beliebte Ausflugsziel Wilhelmshafen an der Oder.

In der Bevölkerung beliebt wegen seiner großen Vielfalt, war der zoologische Garten in Breslau in Fachkreisen vor allem auch wegen seiner Aufzuchterfolge berühmt.

Im Jahr 1864 wurde unter der Leitung von Baurat Lüdecke damit begonnen, die ersten Tierhäuser und Käfige zu bauen.

Wirtschaft und Verkehr

Die wirtschaftliche Entwicklung Schlesiens und somit die Entwicklung der Region insgesamt, hängt in besonderem Maße mit der Landesnatur und der geographischen Lage Schlesiens zusammen. Die Lage zwischen Ost und West, die vielfältigen Landschaftsformen und die natürlichen Ressourcen des Landes sind ausschlaggebend für die Entwicklung schlesischer Städte zu wichtigen Handelsplätzen und Schlesiens insgesamt zu einer bedeutenden Industrieregion gewesen.

Schon im Mittelalter führten wichtige Handelsstraßen durch Schlesien und belebten den Warenumschlag: Von Westen nach Osten durchquerte die Hohe Straße das Land, auch die Nord-Süd-Verbindung von der Ostsee kommend, führte durch Schlesien. Entlang dieser Straßen, sowie regionaler Handelsrouten erfolgten im 13. Jahrhundert zahlreiche Städtegründungen, zu deren Privilegien auch das Marktrecht gehörte. Der Handel brachte vielen Städten Reichtum, was in der Folge auch ein differenziertes und qualifiziertes Handwerk hervorbrachte.

Neben den Straßen stellte auch die Oder eine wichtige Verkehrsader Schlesiens dar. War der Fluss zunächst mehr ein Hindernis für Handel und Wirtschaft, so gewann er über die Jahrhunderte als Transportweg an Bedeutung. Ein erster urkundlicher Beleg für die Schifffahrt stammt aus dem Jahre 1211, als Herzog Heinrich I. dem Kloster Leubus das Recht verlieh zweimal jährlich zwei Schiffsladungen Salz aus Guben zu holen.

Einer Ausweitung des Handels entlang des Flusses standen lange die Niederlagsrechte der Oderanrainerstädte entgegen sowie zahlreiche Zölle. Dennoch bot der Transport über den Fluss einige Vorteile, so dass man bereits früh über einen Ausbau der Oder nachdachte. Erste Versuche zum Ausbau wurden im 16. Jahrhundert unternommen. Doch erst unter Friedrich II. wurde der Ausbau der Oder forciert. Mit der Einrichtung der Oderstrombauverwaltung 1874 beginnt der geregelte Ausbau zum Großschifffahrtsweg. Staustufen werden angelegt, der Fluß wird stark kanalisiert und durch Staubecken im Einzugsgebiet der oberen Oder eine gleichmäßigere Wasserzufuhr ermöglicht.

Mitte des 19. Jahrhunderts erlangte ein neues Verkehrsmittel zunehmende Bedeutung: 1842 wurde in Schlesien die erste Eisenbahnstrecke von Breslau nach Oberschlesien gebaut, schnell kamen weitere Strecken hinzu, zunächst noch betrieben durch private Eisenbahngesellschaften. Es erfolgte ein rascher Ausbau des Eisenbahnnetzes, was eine wichtige Vorraussetzung für die Industrialisierung der Region darstellte.

Die Wirtschaft Schlesiens wurde neben dem Handel vor allem durch zwei Gewerbe bestimmt: den Bergbau und der Textilherstellung. Bereits im Mittelalter spielte der Bergbau eine große Rolle, wovon auch einige Stadtgründungen, wie Goldberg oder Löwenberg zeugen. Schon zu dieser Zeit entstanden erste Verhüttungsanlagen, verarbeitet wurden neben Buntmetallen, Bleierze und Silber. Technische Schwierigkeiten machten den Bergbau unrentabel und verschiedene Initiativen zur Belebung des Bergbaus hatten nur bedingt Erfolg. Erst zu preußischer Zeit erlebte der Bergbau einen bedeutenden Aufschwung. Friedrich II. bemühte sich um die Belebung der Wirtschaft und gründete in Oberschlesien erste königliche Eisenhütten. Schlesische Ingenieure erkundeten Ende des 18. Jahrhunderts in England die neusten Techniken und Produktionsmethoden und brachten innovative Ideen mit, die sie in Schlesien umsetzten. So stand dort bald die erste Dampfmaschine auf dem Festland und der erste Kokshochofen Deutschlands. Im Laufe des 19. Jahrhunderts entwickelte sich Oberschlesien so zum ersten Industriezentrum Deutschlands, das bezüglich der Produktionszahlen erst Jahrzehnte später vom Ruhrgebiet eingeholt wurde. Die Teilung Oberschlesiens nach dem Ersten Weltkrieg führte dann zu einem gravierenden Einschnitt und einem deutlichen Verlust der Wirtschaftskraft.

Auch Textilhandel und -herstellung haben in Schlesien lange Tradition. Überwog bis ins 16. Jahrhundert die Tuchherstellung, so setzte sich nun die Leinenindustrie durch und erreichte eine erste Blüte. Insbesondere in den Gebirgs- und Vorgebirgsregionen entwickelte sich das Textilgewerbe zum führenden Wirtschaftszweig. In Schlesien wurde lange in Heimarbeit produziert und die Mechanisierung setzte sich nur langsam durch. Aufgrund der Konkurrenz aus England geriet die Textilwirtschaft Mitte des 19. Jahrhunderts in eine tiefe Krise, die in den Weberaufständen von 1844 gipfelte. Zum Ende des Jahrhunderts erholte sich der Wirtschaftszweig wieder. Das feine schlesische Leinen war für seine Qualität weltweit bekannt.

Neben diesen beiden führenden Wirtschaftszweigen gab es in Schlesien weitere teilweise nur regional bedeutende Produktionszweige, in der Gegend um Bunzlau die Töpferei, im Großraum Oppeln die Kalk- und Zementindustrie und in den Gebirgsregionen die Glasherstellung. Auch schlesisches Porzellan genoss weltweite Anerkennung

Zudem spielte die Landwirtschaft seit jeher eine wichtige Rolle in Schlesien. Einen Schwerpunkt bildete neben dem Flachs- und Getreideanbau seit Anfang des 19. Jahrhunderts der Anbau von Zuckerrüben. So stand nicht nur die Wiege der Rübenzuckerproduktion in Schlesien, Achard gründete 1802 in Cunern die erste Rübenzuckerfabrik, sondern Schlesien entwickelte sich auch zu einem der wichtigsten Zuckerrübenanbau- und –produktionsgebiete Preußens.

Ab dem 19. Jahrhundert gewann auch der Fremdenverkehr, insbesondere in den Gebirgs- und Kurorten als Wirtschaftsfaktor an Bedeutung.

207

Eine Bahnfahrt von Glatz über Bad Altheide nach Bad Kudowa führte Reisende durch das idyllische, von der Weistritz durchflossene Höllental.

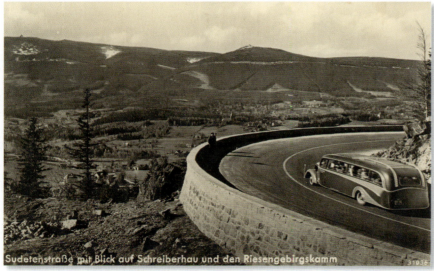

Zwischen Bad Flinsberg und Schreiberhau gab es keine Bahnverbindung, stattdessen wurde in den 1930er Jahren die Sudetenstraße gebaut, die zunächst über knapp 15km von Schreiberhau nach Bad Flinsberg führte.

Auf dem Weg nach Görlitz verlief die Bahnstrecke direkt an der Lausitzer Neiße entlang und führte den Reisenden durch eine malerische Landschaft.

Der Bau der Eisenbahnstrecke von Glatz nach Bad Kudowa war für die Entwicklung des Fremdenverkehrs von großer Bedeutung, wenn auch die gebirgige Landschaft die Ingenieure herausforderte.

Das aus 35 Sandsteingewölben bestehende Bunzlauer Eisenbahnviadukt überspannt in einer Höhe von 26 m den Bober.

Das letzte Teilstück der Zackentalbahn von Hirschberg über Schreiberhau nach Grünthal, führte an der Gebertbaude vorbei und wurde 1902 fertiggestellt.

Nachdem der Zug auf der Strecke von Waldenburg-Dittersbach nach Glatz die Brücke in Dittersbach passiert hatte, ging die Fahrt durch den Ochsenkopftunnel.

In einer Höhe von 22 m überspannt die Eisenbahnbrücke in Dittersbach auf einer Länge von 125m das Tal.

Das aus Granit und Sandstein gebaute Eisenbahnviadukt bei Görlitz mit seinen dreißig mächtigen Bögen überspannt mit einer Länge von 475m in 35m Höhe die Neiße.

Beim Bahneinschnitt in Schreiberhau am Moltkefelsen stand lange das mit 31m höchste Signal Deutschlands.

Erst 1910 wurde Neumittelwalde durch die Strecke von Groß Graben nach Ostrowo an das Eisenbahnnetz angeschlossen, entsprechend wurde die Einfahrt des ersten Personenzuges „gefeiert".

Der Bahnhof in Halbstadt wurde einst großzügig geplant, da man davon ausging, dass hier der Durchgangsverkehr von Breslau nach Wien durchgehen würde, doch gab es nie eine durchgehende Verbindung.

Der Anschluss des Ortes Emanuelssegen bei Kattowitz an die Eisenbahn in der zweiten Hälfte des 19. Jahrhunderts war ein wichtiger Impuls für die Entwicklung des Kohlebergbaus.

Wohlau lag an der Eisenbahnstrecke von Breslau nach Glogau. Bei Wohlau zweigte die Nebenstrecke nach Maltsch ab, die Züge dorthin hielten auf Gleis 3.

Die Stadt Krappitz erlebte Ende des 19. Jahrhunderts mit dem Anschluss an die Eisenbahn und der Fertigstellung des Oderausbaus einen deutlichen wirtschaftlichen Aufschwung.

Vorraussetzung für den Bau der Bobertalsperre bei Mauer war ein Eisenbahnanschluss, um den Materialtransport zu ermöglichen. Von der Haltestelle Talsperre wurde ein Gleis bis zur Baustelle der Staumauer geführt.

213

Nachdem der 1865 begonnene Schönhuter Tunnel 1867 fertiggestellt worden war, konnte die Eisenbahnlinie von Hirschberg nach Dittersbach ihren Betrieb aufnehmen.

Die Niederschlesisch-Märkische Eisenbahn errichtete 1868 in Lauban eine Hauptwerkstatt, die nach 1900 als „Königliche Eisenbahn-Werkstätten-Amt Lauban" firmierte.

Das Bürgerliche Brauhaus in Breslau zählte zu den bekanntesten Brauereien Breslaus, was es sicher auch der Werbung zu verdanken hatte.

Seit 1924 ist der Flughafen in Breslau für die zivile Luftfahrt geöffnet. Der Holzbau wurde 1936 durch einen größeren Neubau ersetzt.

Ein Schleppdampfer zieht elf Oderkähne hinter sich her, zum Gütertransport war Ende des 19. und Anfang des 20. Jahrhunderts der Schleppzugbetrieb üblich.

Nach dem Bau des Klodnitzkanals ins oberschlesische Industriegebiet und der Kanalisierung der Oder entstand in Cosel der zweitgrößte Binnenhafen Deutschlands.

Die Stadt Krappitz erlebte Ende des 19. Jahrhunderts mit dem Anschluss an die Eisenbahn und der Fertigstellung des Oderausbaus einen deutlichen wirtschaftlichen Aufschwung.

Von Ohlau aus oderaufwärts liegt der Umschlaghafen der Stadt zu dessen Bewirtschaftung 1917 die Ohlauer Hafenbahn- und Lagerei AG gegründet wurde.

Das 1312 erstmals als Stadt beurkundete Auras war Sitz zahlreicher Schiffseigner und einer Werft für Neubauten und größere Instandsetzungsarbeiten.

In den 1930er Jahren trat ein erneuter Aufschwung der Oderschifffahrt ein. Der Fluss wurde weiter ausgebaut, neue Schleusen, wie die 1932 noch im Bau befindliche 2. Schleuse in Ransern, wurden errichtet.

Der Dichter Jochen Kleper stammte aus der an der Oder gelegenen Stadt Beuthau, auch Kuhbeuthen genannt. Mit seinem Roman „Der Kahn der fröhlichen Leute " setzte er den Oderschiffern seiner Heimat ein Denkmal.

Bei Auras wendet sich die Oder westwärts, hier bringt eine Fähre Personen und Autos ans andere Ufer. Für die Stadt war die Oder ein bedeutender Wirtschaftsfaktor.

Die Gesamtlänge der zwischen 1900 und 1902 errichteten Straßenbrücke in Steinau beträgt wegen des saisonal schwankenden Wasserstandes 349 Meter.

Der Anschluss an die Eisenbahn und der Ausbau des Oderhafens in Steinau zogen die Ansiedlung verschiedener Industriebetriebe nach sich.

Die Schifffahrt spielte im Wirtschaftsleben der Stadt Neusalz eine wichtige Rolle. Für die Industriebetriebe war der Hafen, der 1897 erweitert wurde, von großer Bedeutung.

Im Umschlaghafen von Neusalz wurde Stückgut, aber vor allem auch Massengut vom Schiff auf die Eisenbahn und umgekehrt verladen.

Zum Besten der Ueberschwemmten!
Wolkenbruchkatastrophe im Riesengebirge in der Nacht vom 2. zum 3. Juli 1926.
Verwüstungen aus Ober-Giersdorf. – Die Vorderfront dieses Bauernhauses ist weggespült

In der Nacht vom 2. auf den 3. Juli 1926 gingen innerhalb weniger Stunden solche Regenmassen nieder, dass binnen kurzer Zeit sämtliche Gebirgsbäche anschwollen und über die Ufer traten.

Zum Besten der Ueberschwemmten!
Wolkenbruchkatastrophe im Riesengebirge in der Nacht vom 2. zum 3. Juli 1926.
Verwüstungen aus Agnetendorf – Gartenansicht von Beyer's Hotel mit Notbrücke.

Kurz nach der Katastrophe druckten verschiedene Postkartenverlage „Nothilfekarten", von deren Verkauf 5 Pfennig als Spende abgeführt wurden.

Wolkenbruchkataſtrophe im Rieſengebirge in der Nacht vom 2. zum 3. Juli 1926.
Verwüſtungen aus Ober-Giersdorf. ✕ Haus an dieſer Stelle ganz weggeſpült.

Das stark angeschwollene Giersdorfer Wasser transportierte Geröll und Gesteinsmassen ins Tal, dabei wurden alle Brücken und einige Häuser mitgerissen.

Wolkenbruchkataſtrophe im Rieſengebirge in der Nacht vom 2. zum 3. Juli 1926.
Verwüſtungen aus Hermsdorf u. Kynaſt.

Von der Wolkenbruchkatastrophe waren vor allem die Orte Agnetendorf, Hermsdorf und Obergiersdorf stark betroffen.

Die im Altvatergebirge entsprungene Biele hat bei Schneeschmelze und starken Regenfällen oft rasch ansteigende Wasserstände, die eine große Überschwemmungsgefahr darstellen.

Die Talsperre Boberröhrsdorf entstand in den 1920er Jahren, die 1927 erbaute Turmsteinbaude am Ufer der Talsperre war ein beliebtes Ausflugsziel.

Die Bobertalsperre Buchwald war nicht ständig mit Wasser gefüllt, sondern nur als Stauweiher bei Hochwasser gedacht, wo sie sich auch mehrfach bewährte.

Unterhalb der 60 m hohen Staumauer der Bobertalsperre Mauer liegt das Kraftwerk. Ist das Becken nur bis zum Normalstau von 20 m gefüllt, liegt der Überlauf trocken.

Die landschaftlich schön gelegene Bobertalsperre Mauer wurde zwischen 1903 und 1912 gebaut, sie hat ein Stauvolumen von bis zu 50 Mio. m³.

Bei Hochwasser füllt sich die Talsperre schnell und die Wassermassen stürzen tosend den Überlauf hinunter.

Die Lomnitztalsperre bei Krummhübel war zwar die kleinste, aber gleichzeitig höchste Talsperre im Einzugsgebiet des Bobers.

Das größte der geplanten Staubecken im oberen Einzugsbereich der Oder, das Ottmachauer Staubecken an der Glatzer Neiße, wurde in den Jahren 1928 bis 1933 gebaut.

Die Staumauer der Queistalsperre Goldentraum ist 170m lang, am Fuß der Mauer ist ein Kraftwerk, das zwischen 6 und 7 Mio. Kilowatt-Stunden jährlich produzierte.

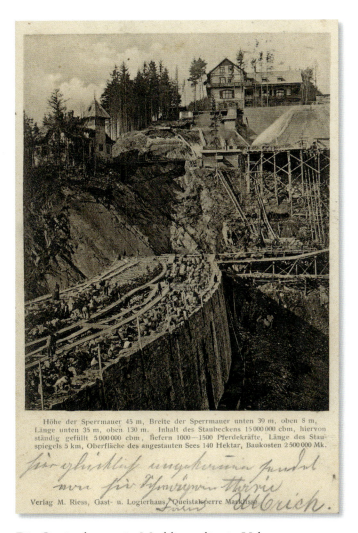

Die Queistalsperre in Marklissa, die ein Volumen von maximal 15 Mio. m³ fassen konnte, wurde zwischen 1901 und 1905 erbaut.

Die Talsperre Goldentraum wurde zwischen 1919 und 1924 oberhalb der Talsperre Marklissa angelegt, da diese nicht ausreichend die Ziele für den Hochwasserschutz und die Energiegewinnung gewährleisten konnte.

Die Queistalsperre in Marklissa diente dem Hochwasserschutz, die Oberfläche des aufgestauten Sees betrug 140 Hektar.

Die Staumauer der Queistalsperre hat eine Höhe von 45m. Oberhalb der Staumauer liegt ein Hotel mit Restaurant und Aussichtsterrasse.

Zwei Jahre nach Fertigstellung der Queistalsperre wurde 1907 mit dem Bau des Kraftwerkes 100m unterhalb der Staumauer begonnen.

In landschaftlich reizvoller Gegend im Schlesiertal zwischen Kynau und Breitenhain liegt die etwa 3 km lange Weistritztalsperre

Die Talsperre der Weistritz bei Kynau hat ein Stauvolumen von 8 Mio. m³. Die aus dem Gebirge kommenden Flüsse können bei Schneeschmelze und Starkregen teilweise enorme Wassermassen mit sich führen.

Zur Hochwasserbekämpfung, Wasserstandsregulierung der Oder und Elektrizitätserzeugung wurde zwischen 1912 und 1917 die Weistritztalsperre gebaut.

Am Fuße der Staumauer der Weistritztalsperre steht ein Wasserkraftwerk, dass eine durchschnittliche Jahresleistung von 4 Mio. Kilowattstunden hatte.

Reichhaltige Steinkohlevorkommen in Groß Dubensko bei Rybnik führten 1792 zur Gründung der Dubenskogrube.

Die Zuckersiederei in Trachenberg wurde 1871 als Aktiengesellschaft gegründet.

Um das oberschlesische Industriegebiet um Gleiwitz auf kürzestem Wege an die Oder anzuschließen, wurde Ende des 18. Jahrhunderts im Tal der Klodnitz ein Kanal angelegt.

Friedrich Graf von Reden initiierte um 1800 die Gründung zweier staatlicher Gruben, die Kristalisationspunkt für die spätere Industriestadt Königshütte waren.

Die wichtigsten Arbeitgeber des Ortes Leschwitz, in der Nähe von Liegnitz waren die Hartziegelwerke, die Holzbiegerei und das städtische Wasserwerk.

229

Im Jahre 1870 gründete Julius Krombholtz in Proskau eine Brauerei, die bis zu 80.000 l Bier im Monat produzierte.

Der Holzreichtum und die Wasserkraft waren gute Voraussetzungen für die Papierherstellung in Hirschberg und Umgebung

Insbesondere die Familie Henckel von Donnersmarck, die neben einer Grube auch eine Koksanstalt und eine Hochofenanlage betrieben, machten sich um die wirtschaftliche Entwicklung Hindenburgs/Zabrzes verdient.

Hindenburg, früher Zabrze war lange ein unbedeutender Ort, erst mit dem Aufstieg des oberschlesischen Industriegebietes, gewann es an Bedeutung, doch erst 1922 erhielt es Stadtrecht.

Mit dem Ausbau der Industrie wuchs auch die Bevölkerungszahl an, für die vielen Arbeiter wurden Wohnsiedlungen gebaut, wie hier in Hindenburg.

Durch die Teilung Oberschlesiens 1921 wurde Hindenburg/Zabrze zur Grenzstadt, große Teile des Kreises fielen an Polen.

Die Blüte des Bergbaus in Schmiedeberg lag vor dem 30-jährigen Krieg, erst im 19. Jahrhundert zeigten die Versuche, den Bergbau und die Eisenverhüttung wieder zu beleben, mäßige Erfolge.

Schon Mitte des 17. Jahrhunderts ist die Steinkohleförderung in Schlegel im Kreis Neurode belegt, die Johann-Baptista-Grube wurde bereits vor 1742 gegründet.

Die Guhrauer Torfwerke in Heinzendorf wurden 1920 eröffnet.

Die 1820 gegründete zu Solmsche Glasfabrik Andreashütte in Wehrau, Kreis Bunzlau, zählte Ende des 19. Jahrhunderts zu den größten Glasfabriken.

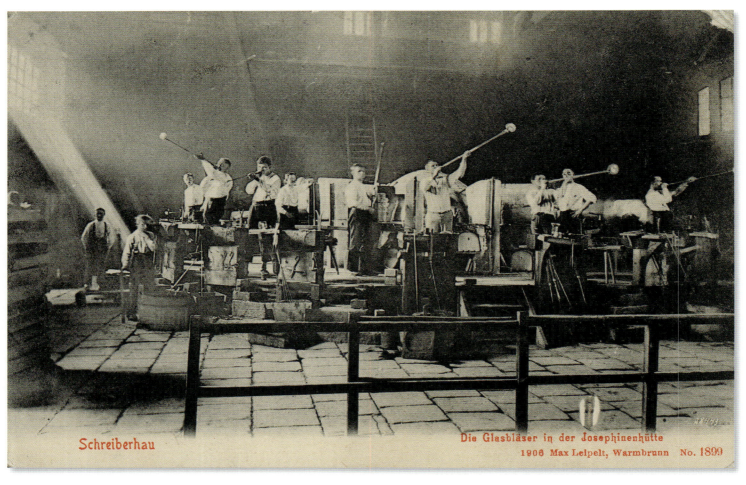

Die Josephinenhütte zählte schon bald zu den besten zeitgenössischen Manufakturen in Europa und erhielt mehrfach Auszeichnungen auf Welt- und Industrieausstellungen

Graf Schaffgotsch beauftragte 1841 den Glasfachmann Franz Pohl mit dem Aufbau einer Glashütte bei Oberschreiberhau.

Die Familie der von Schaffgotsch war schon über Jahrhunderte in der Glasherstellung, doch erst durch das Fachwissen und Geschick Pohls konnte die Hütte eine solche Erfolgsgeschichte schreiben.

Im Riesengebirge waren die Bedingungen für die Glasherstellung günstig: Quarzsand, Wasser und Holz, alles, was für die Glasherstellung benötigt wurde, war vor Ort vorhanden.

Der Eisenbahnanschluss sowie die Kanalisierung der Oder förderten den wirtschaftlichen Aufschwung in Krappitz, neben einigen anderen Fabriken entstanden auch die Kalkwerke.

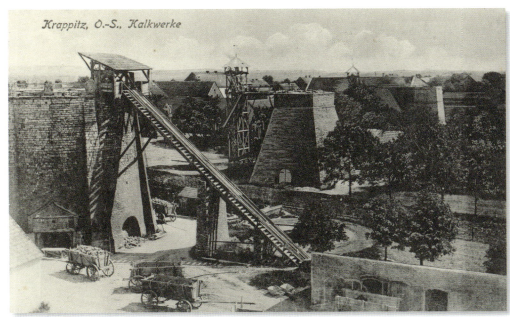

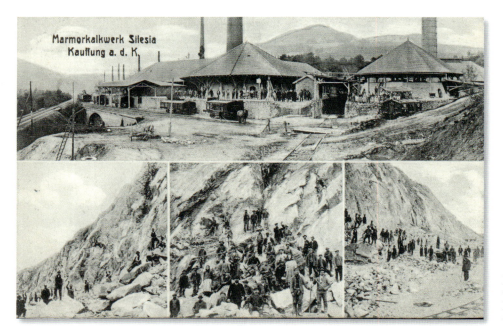

Die wirtschaftliche Grundlage des Ortes Kauffung bildeten die Marmor- und Kalksteinvorkommen.

Im Ort Grosen im Kreis Wohlau befand sich eine Ziegelei, Besitzer waren die Gebrüder Otto u. Charles Deter.

Um das Jahr 1910 wurde die Glanzfäden Aktiengesellschaft in Petersdorf im Riesengebirge gegründet.

In Bolkenhain war die Leinenweberei schon im 16. Jahrhundert von großer Bedeutung. 1858 errichtete die Familie Kramsta in Bolkenhain eine mechanische Weberei.

Die 1862 gegründete Leinen- und Gebildweberei Grünfeld in Landeshut war eine der ersten Post-Versandfirmen und fiel durch ihre innovativen Werbemethoden auf.

Die Firma Dierig in Langenbielau fand nicht nur Eingang in die Unternehmergeschichte sondern auch in die Literatur als „Dittrichs" in Gerhart Hauptmanns Drama die „Weber".

In Wüstegiersdorf im Kreis Waldenburg, dem Standort der Firma Dinglinger, hat die Leinenweberei eine lange Tradition.

Arbeiter im Kesselhaus der Kammgarnspinnerei Dinglinger in Wüstegiersdorf.

Die Zuckerfabrik in Gutschdorf wurde 1860 von der Familie von Richthofen gegründet.

Der Schornstein der 1911 bis 1912 erbauten Papierfabrik in Sacrau bei Breslau hatte eine Höhe von 102 m.

Die 1872 als Aktiengesellschaft gegründete Zuckerfabrik Alt-Jauer verarbeitete im Durchschnitt 1 Mio. Zentner Rüben im Jahr.

1798 wurde die Saftquetsche Krobsdorf im Isergebirge gegründet. Der Inhaber Richard Schröer produzierte Liköre und Obstbrände.

Den Studenten des Maschinenbaus an der Technischen Hochschule in Breslau stand für das praxisoientierte Lernen eine 42 m lange Maschinenhalle zur Verfügung.

In den Vereinigten Schlesischen Granitwerken in Breslau wird das bekannte Granitkleinpflaster hergestellt.

Arbeiter in den Vereinigten Schlesischen Granitwerken beim Vorbereiten der Löcher zur Aufnahme der Sprengladung, um große Blöcke von den Felswänden abzutrennen.

Die Industrie in Wohlau beschränkte sich auf einige kleinere Betriebe, darunter auch die Vereinigte Knopf-Fabriken Aktiengesellschaft.

Die Stadt Festenberg gilt als „Tischlerstadt", hier befanden sich 54 Tischlereien, eine davon war die Möbeltischlerei & Sarg-Magazin von Reinhold Frost.

Landwirtschaft und Landleben

Die Landschaft Schlesiens umfasst das beiderseitige Einzugsgebiet der oberen und mittleren Oder. Die Süd-West-Grenze wird durch die Wasserscheide der Oder zur Elbe gebildet, die Nord-Ost-Grenze verläuft im Wesentlichen auf der Wasserscheide zwischen Oder und Warthe.

In seiner landschaftlichen Gestaltung vereint Schlesien alle drei Landschaftsstufen: Gebirge, Hügelland und Ebene.

Der Gebirgszug der Sudeten im Süden wird durch mächtige Granitmassen, Gneis und Glimmerschiefer gebildet, die Böden sind karg und das Klima rau.

Diesem vorgelagert ist das Berg- und Hügelland mit fruchtbaren Löß- und Lehmböden. Die daran anschließende Ebene mit ertragreichen Ackerflächen wird nur durch den aus sandigen Endmoränenzügen bestehenden schlesischen Landrücken im Norden unterbrochen.

Das Zusammenwirken der naturräumlichen Bedingungen wie Bodenbeschaffenheit, Klima, Rohstoffe und Wasser war auch ausschlaggebend für die Besiedlung Schlesiens. So entstanden die ersten slawischen Siedlungen in den fruchtbaren Lößzonen der Oderniederungen z. B. bei Glogau, südlich Breslaus und bei Oppeln.

Im Zuge der deutschen Besiedlung im 13. Jahrhundert entstanden nicht nur zahlreiche Städte in Schlesien, sondern auch rund 1200 Dörfer. Große Waldflächen wurden gerodet und das Land urbar gemacht. Besiedelt wurde in dieser Zeit vor allem das Vorgebirgs- und Gebirgsland, aber auch im Landesinneren entstanden neue Siedlungen. Es überwogen zwei Formen von Dörfern: Waldhufendörfer und Angerdörfer. Bis heute sind diese ursprünglichen Dorfanlagen noch erkennbar. Das klassische Waldhufendorf entstand vor allem in den Gebirgsregionen. Die Häuser liegen in einer Reihe entlang der Straße oder des Bachlaufes, dahinter erstreckt sich ein Streifen Acker-, Wiesen- und Waldland, die sogenannte Hufe, eine Maßeinheit für den einer Bauernfamilie zustehenden Flächenanteil. Für die Gebirgstäler sind diese sich teilweise über Kilometer das Tal entlang ziehenden Ortschaften auch heute noch typisch.

In der schlesischen Ackerebene dagegen entstanden überwiegend planmäßig angelegte Anger- bzw. Straßenangerdörfer. Hier gruppieren sich die Häuser um den so genannten Anger, einen runden oder, im Falle des Straßenangerdorfes, langgestreckten Platz, in dessen Mitte oft auch ein Löschteich angelegt wurde.

Hauptwirtschaftszweig der meisten Dörfer war die Landwirtschaft, deren Verbreitung und Produktion die landschaftliche Gliederung Schlesiens widerspiegelt. In den Gebirgen überwog aufgrund der naturräumlichen Bedingungen die Viehwirtschaft. Ein großer Teil der landwirtschaftlichen Nutzfläche wurde zum Anbau von Futterpflanzen und Grünland genutzt. Weite Teile des Gebirgsvorlandes sowie die schlesische Ebene waren von fruchtbaren Löß- und Schwarzerdeböden bedeckt, so dass hier überwiegend Ackerbau betrieben wurde. Die weniger ertragreichen Handelsgewächse wie der Flachs, der lange eine große Rolle in Schlesien spielte und die Grundlage der bedeutenden schlesischen Leinenindustrie bildete, sind zugunsten intensiverer Kulturen nach und nach reduziert worden. Ein großer Anteil der Ackerfläche wurde für den Getreide- sowie Zuckerrübenanbau genutzt. Gerade diese beiden Erzeugnisse wurden in Schlesien in überdurchschnittlich hohem Maße angebaut, so dass ein entsprechender Überschuss produziert wurde. Daneben wurde in einigen Regionen, so in der Nähe von Liegnitz oder Münsterberg, auch intensiver Gemüseanbau betrieben, die Viehzucht hingegen spielte nur eine marginale Rolle.

Auf den eher kargen Sandböden im Norden dominierten der Kartoffel- und Roggenanbau die landwirtschaftliche Produktion. Regional begrenzt gab es auch einige Sonderkulturen wie den Weinbau in der Gegend um Grünberg oder den Tabakanbau bei Ohlau.

Gerade in den kargen Gebirgsregionen warf die Landwirtschaft jedoch häufig nicht genug Ertrag ab, um davon leben zu können und so suchten sich die Bewohner der kleinen Dörfer ein Zubrot. So kam es dazu, dass sich dort die Hausweberei etablierte.

In den ländlichen Regionen wurden alte Traditionen und Bräuche besonders gepflegt. Bei traditionellen Dorffeiern wie Schützen- oder Trachtenfesten oder der traditionell im Herbst gefeierten Kirmes kam das ganze Dorf zusammen. Ein wichtiger Bestandteil der Dorfgemeinschaft waren die Vereine, in denen die Geselligkeit und Nachbarschaft gepflegt wurde.

Der ländliche Raum diente nicht nur den Dorfbewohnern als Lebens- und Arbeitsraum, sondern auch der städtischen Bevölkerung als Naherholungsraum für Wanderungen und Ausflüge mit Familie, Schulklasse oder Wanderverein.

Ansichtskarte des kleinen bei Primkenau gelegenen Ortes Haidau.

Nordwestlich von Bunzlau liegt der seit 1400 belegte Ort Klitschdorf am Ufer des Queis.

Der Ort Domaslawitz im Kreis Wartenberg, im 13. Jahrhundert noch im Besitz des Klosters Leubus, gehörte später zur Herrschaft Goschütz.

Für das Straßenangerdorf Beschine, ab 1936 Hartfelde, ist seit 1376 eine Kirche nachgewiesen.

Ansicht des Gasthofs Schwabe in dem zum Kreis Liegnitz gehörenden Ort Kuchelberg, in dem es auch ein Stadtschloss gab.

Die Wirtschaft des 1305 erstmals erwähnten Ortes Girlachsdorf wurde durch die Steinindustrie geprägt.

Das Waldhufendorf Kauffung an der Katzbach ist vor allem bekannt für seinen Marmor.

Die Windmühle in dem am linken Oderufer gelegenen Radschütz ist schon seit 1787 belegt.

Auf dem Buschmühlenteich in Steinau konnten kleine Helden schon große Abenteuer erleben.

Die Dorfstraße in Groß-Strenz, einem Ortsteil von Alteichenau ist tief verschneit.

Spielende Kinder im Dorfteich von Brödelwitz, Kreis Wohlau. Die beiden Abenteurer schickten ihre Schiffe 1941 auf „hohe See".

Der Lehrer Exner radelt durch Großendorf.

Die Kirche in Naumburg am Bober wurde 1117 erbaut, davor steht das Kriegerdenkmal, das an den Krieg 1870/71 erinnert.

Der Schmied war in Guhren, wie in allen ländlichen Regionen ein wichtiger Handwerker, wurden doch bei der Feldarbeit noch lange „Pferdestärken" eingesetzt.

Das 1300-Seelen-Dorf Obergörisseiffen, im Kreis Löwenberg gelegen, ist stark landwirtschaftlich geprägt.

Pilgramsdorf gehört zu den ältesten Dörfern Schlesiens, erste Nachweise stammen aus dem 12. Jahrhundert.

Der 1202 erstmals erwähnte Ort Mondschütz bei Wohlau ist aufgrund des dortigen Renaissanceschlosses bekannt.

Der landwirtschaftlich geprägte Ort Lauterseiffen im Kreis Löwenberg wurde 1217 erstmals urkundlich erwähnt.

Den Ort Hartliebsdorf im Kreis Löwenberg schenkte Heinrich I. einst dem Kloster Trebnitz.

In dem am Fuß des Zobten gelegene Dorf Gorkau Rosalienthal fand alljährlich am Himmelfahrtstag ein Heiratsmarkt statt, der zu den bekanntesten Volksfesten seiner Art in Schlesien zählte.

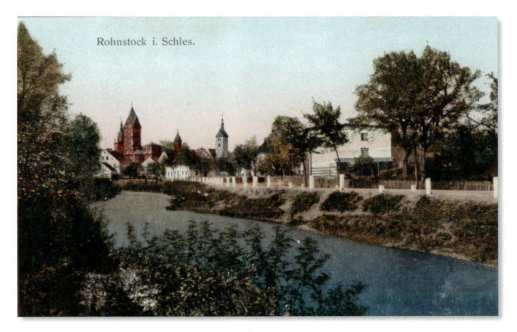

Nach seinem Sieg in Hohenfriedeberg am 4. Juni 1745 kehrte Friedrich II. in Schloss Rohnstock ein. Der Ort Rohnstock war 1305 schon zu deutschem Recht ausgesetzt.

Die schwefelhaltige Quelle in dem Ort Gimmel im Kreis Guhrau wurde sowohl für Trink- als auch für Badekuren genutzt.

In Agnetendorf ließ sich Gerhart Hauptmann 1900 das Haus Wiesenstein errichten. Sein Wohnhaus war auch Treffpunkt vieler Kunstschaffender.

Auf der Dorfstraße in dem kleinen Ort Hohenwiese bei Schmiedeberg
fährt die Puppenmutti ihren Sprößling spazieren.

Der Ort Wiersbel, 1442 erstmals urkundlich erwähnt, ist einer der größten im Kreis Falkenberg.

Der Fremdenverkehrsort Spindlermühle wird von der jungen Elbe durchflossen und ist im Sommer wie Winter ein guter Ausgangsort für Wanderungen.

Der Fremdenverkehrsort Petzer ist unmittelbar am Fuß der Schneekoppe gelegen.

Nach Petzer kamen einst die aus Tirol ausgewanderten Protestanten.

Agnetendorf, am Fuße der Schneegruben gelegen, wurde 1654 von böhmischen Protestanten gegründet.

Vom Ort Giersdorf, in Ober- und Niedergiersdorf geteilt, zieht sich das Tal entlang hinauf bis in eine Höhe von 430 m.

Die das Ortsbild dominierende Kirche von Fischbach stammt in ihrer heutigen Form aus dem 16. Jahrhundert.

Brückenberg war einer der bekanntesten Fremdenverkehrsorte im Riesengebirge mit zahlreichen Hotels.

Das Waldhufendorf Hermsdorf, am Fuße einer aufragenden Felswand, auf deren Gipfel die sagenumwobene Burgruine Kynast steht, wird 1305 erstmals erwähnt.

Der Ort Giersdorf im Riesengebirge erstreckt sich über ca. 100 Höhenmeter den Hang hinauf, vor allem Ober-Giersdorf entwickelte sich zum beliebten Fremdenverkehrsort.

Schon für 1651 nennen die Visitationsberichte eine Schule für Bischofswalde. Das zweistöckige Schulgebäude stammt von 1829.

Der Ort Grunwald in der Grafschaft Glatz liegt auf 900 m Höhe und ist damit das höchste Kirchdorf Preußens gewesen.

Der am Fuße des Glatzer Schneeberges gelegene Ort Wölfelsgrund war ein beliebter Luftkurort und Wintersportplatz.

Der Luftkurort Wölfelsgrund in der Grafschaft Glatz war im 15. Jahrhundert als Holzfäller- und Köhlerdorf entstanden.

Südlich von Habelschwerdt lag der kleine Ort Ebersdorf, der immerhin einen Bahnhof besaß.

1938 gab es in Wohlau ein heftiges Hochwasser, das alle Straßen unter Wasser setzte.

Auch das am Fuße der Schneegruben gelegene Agnetendorf wurde häufiger von Überschwemmungen heimgesucht, wenn heftige Regenfälle die Gebirgsbäche anschwellen ließen.

Wenn die Stiefel nur lang genug sind, kommt die Post auch trocken an.

Bei starkem Hochwasser gestaltete sich auch der tägliche Einkauf als Herausforderung.

Hochwasser in Lähn am Bober in den 1930er Jahren.

Eine Bootsfahrt durch die Straßen von Lähn.

Der Bober in Lähn ist über die Ufer getreten und hat sämtliche Straßen unter Wasser gesetzt.

Ob Mama schon ihre Waschwanne sucht?

Im Laufe ihrer Geschichte hat die Stadt Lähn mehr als 150 Boberüberschwemmungen erlebt.

Endlich ein Schwimmbad im Garten…

Die Stadt Lähn hatte in früheren Jahrhunderten sehr viel schwere Überschwemmungen erlebt.

Aus alten Aufzeichnungen geht hervor, dass 1804 das Wasser bis in den zweiten Stock reichte, dagegen war dieses Hochwasser vergleichsweise harmlos.

Not macht erfinderisch, als Boot kann man fast alles nutzen.

Bei dem häufigen Hochwasser in Lähn hatte wohl jeder Gummistiefel im Keller für den Notfall.

Hui, wie das spritzt...

Aus dem Wasser herausragende Zäune, kein seltener Anblick in Lähn.

Die Stadt Lähn wurde 1242 gegründet und war seit 1893 anerkannter Luftkurort.

Ein Bootsausflug auf dem Ring, das kann man nicht alle Tage unternehmen.

Auf der Ziegenhausbaude bei Bad Reinerz wurde in 720m Höhe auch Vieh gehalten.

Bauernhof in der kleinen landwirtschaftlich geprägten Siedlung Bärndorf bei Hirschberg.

Die Bezeichnung „Riesenspielzeug" geht auf eine alte Sage zurück, in der die Tochter eines Riesen, den Bauern mit Pferd und Pflug als Spielzeug mit nach Hause nehmen wollte.

263

Mit der Dampfmaschine wurde die Ernte eingeholt. Erntearbeit bei Stuben.

Wer hart arbeitet, braucht auch seine Pause: Mittagsvesper auf dem Feld bei Ransern.

In der Erntezeit waren überall im Strenzer Land die ordentlich gebundenen, in Reihen aufgestellten Strohgarben zu sehen.

Im Jahre 1915 fand auf dem Turnplatz in Wohlau eine Viehausstellung statt, die viele Besucher anzog.

Bei der Heuernte, wie hier 1934 in Wischütz, setzten die kleinen landwirtschaftlichen Betriebe noch auf Handarbeit und Pferdekraft.

Bauernhof von Anna Pietsch in Zechelwitz bei Wohlau.

Das Schloss Schillersdorf des Freiherrn Nath. v. Rothschild in Oberschlesien und die dazugehörigen, 1903 zerstörten Schwarzwald-Forsten.

Kleiner Brautzug der 3. Klasse der Schule in Quolsdorf anlässlich des Erntedankfestes 1933.

Die Abnahme der Kirchenglocken in Dyhernfurth 1920.

Wallfahrt der Kirchengemeinde Ölschen im Kreis Wohlau in das nahe Glogau gelegene Pürschen.

Lehrerinnen und Schülerinnen der Klosterschule in Liebenthal im Jahr 1926.

Im Winter 1928/29 war es so frostig, dass die Oder lange komplett zugefroren war. So organisierte der Lehrer in Guhren für seine Schüler eine Schlittenpartie auf der Oder.

Die Kinder des evangelischen Kindergartens in Gottesberg bei Waldenburg im Jahr 1936.

Dreitägige Klassenfahrt mit der Obersekunda auf die Fuchsbergbaude im Jahr 1927.

Ein Ausflug der Kindergartenkinder aus Gottesberg im Kreis Waldenburg.

Schulklasse des Löwenberger Gymnasiums im Schuljahr 1928/29.

Ein beliebtes Ziel für Schulausflüge war die Kynsburg. Nach erfolgreichem Aufstieg wurde zur Erinnerung vor historischer Kulisse ein Klassenfoto gemacht.

1796 wurde die „Alte Burg Fürstenstein" nach einem Entwurf von Christian Wilhelm Tischbein errichtet, sie war immer ein beliebtes Ausflugsziel.

Erinnerungsfoto an den Sieg bei den Südostdeutschen Meisterschaften der 4x100 m-Staffel des Vereins für Bewegungsspiele Breslau e.V..

Das 50. Fahnenweihefest des Militärvereins Parochie Michelsdorf im Jahr 1912.

271

Zum Stiftungsfest des Männer-Turnvereins Nimptsch 1921 hat sich eine Gruppe junger Damen und Herren als Holländer verkleidet.

Treffen der Wandervogelgruppen aus Glogau, Grünberg und Neusalz zu Johanni im Jahr 1925 auf der Lanheimwiese in Gustau.

Gruppenbild des Hausfrauenvereins von Reichenbach aus dem Jahr 1930.

Die freiwillige Feuewehr war in den kleinen Orten nicht nur als Helfer in der Not gefragt, sondern auch eine tragende Säule des gesellschaftlichen Lebens im Dorf.

Erinnerung an den Ausflug des Geselligkeitsvereins „Freundschaft" auf die Heuscheuer im Jahr 1921.

Der Geselligkeitsverein Rudolfswaldau, Kreis Waldenburg bei einem Wanderausflug.

Abends wird zum Tanz aufgespielt, kleine Musikkapelle in Landeshut.

Die Schützenvereine haben in Schlesien eine lange Tradition, das Bild zeigt die Schützengilde aus Wohlau im Jahr 1925.

Zum traditionellen Schützenfest in Naumburg am Bober gehörte der Aufmarsch aller Schützen, auch bei Regen.

In den ländlichen Gegenden in Schlesien wurde zum sonntäglichen Kirchgang sowie zu festlichen Anlässen wie hier um 1925 im Kreis Pleß die Tracht getragen.

Beim Schützenfest in Liegnitz, dem Mannschieß-Fest, beteiligte sich auch die Gärtnerei Keller mit einem Blumenwagen am Straßenumzug.

Die Knaben-Musikkapelle der Dorftrompeter aus Süßenbach im Kreis Löwenberg.

Lange wurden noch Trachten im Riesengebirge getragen und in Trachtengruppen wie hier in Hohenwiese die Tradition gepflegt.

Mit ihren „Schmackostern", mit Papierblättern und Bändern geschmückte Stecken, zogen die Kinder an Laetare singend von Haus zu Haus.

Das Sommersingen an Laetare hat in Schlesien Tradition. Die Kinder sangen vor den Häusern und bekamen bunte Eier oder Brezeln geschenkt.

Eine Frau aus Schanosin kehrt in den 1930er Jahren aus dem Sonntagsgottesdienst heim.

Auf einer mehrtägigen Wanderung durchs Riesengebirge.

Zum Trachtenfest in Bad Landeck 1932 gab es einen feierlichen Umzug durch die Stadt.

Viele Zuschauer säumten beim Trachtenumzug anlässlich des Festes 1932 in Bad Landeck die Straßen.

Die Gegend um Neustadt, wie das Wildgrundtal, war ein beliebtes Ausflugsziel, da es fast die einzige Gebirgsregion Oberschlesiens war.

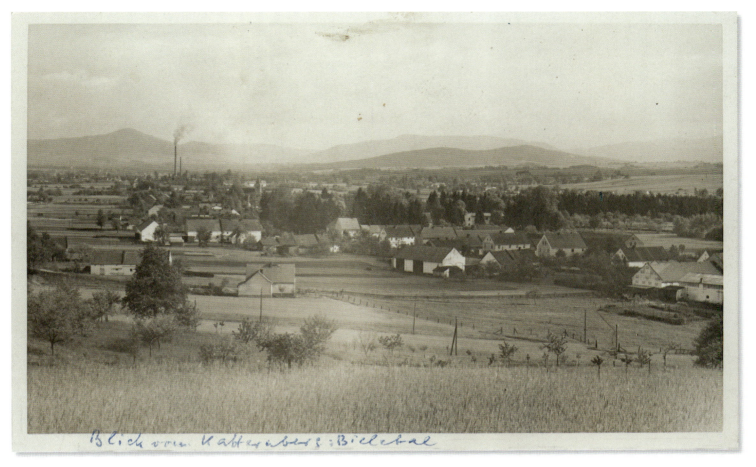

Der Blick ins oberschlesische Bieletal zeigt, dass auch in den ländlichen Regionen die Industrieanlagen ins Bild gehören.

Die 427 m hohe Landeskrone ist der Hausberg von Görlitz und ein beliebtes Ausflugsziel.

Die Grundsteinlegung für den Bismarckturm auf der Hohen Eule erfolgte am 1. Juli 1905.

Die Einweihung des 25 m hohen Bismarckturms auf der Hohen Eule fand 1906 statt.

Zahlreiche Gäste der Einweihungsfeier genossen im Anschluss den hervorragenden Rundblick vom Bismarckturm über das Eulengebirge.

Hoch über der Weistritztalsperre thront die sagenumwobene Ruine der Kynsburg.

Südöstlich des Dorfes Seidorf ließ Hans Anton Graf von Schaffgotsch 1718 die St-Annakapelle errichten.

Die Stadt Löwenberg liegt umringt von Bergen im Bobertal.
Die Löwenberger Schweiz ist ein beliebtes Wandergebiet.

Die Sudeten

Die Sudeten ziehen sich an der Südgrenze Schlesiens über mehr als 300 km in südöstliche Richtung von der Nei-ßebucht bei Zittau bis zur mährischen Pforte. Sie bestehen aus mehreren Bergzügen. Wie auch die übrigen europäischen Mittelgebirge sind die Sudeten während der Gebirgsbildungsphase im Erdaltertum, vor etwa 300 Mio. Jahren entstanden. Sie bestehen überwiegend aus kristallinen Gesteinen, ihre charakteristischen Landschaftsformen entstanden während der Eiszeiten. Sichtbare Spuren dieser Zeit sind die glazialen Gruben mit ihren steilen Felswänden sowie Bergseen und hohe Torfmoore, die insbesondere dem Riesengebirge seinen alpinen Charakter verleihen.

Der höchste Bergzug der Sudeten ist das Riesengebirge, dessen Hauptkamm eine durchschnittliche Höhe von 1200 m hat. Westlich schließt sich an das Riesengebirge das Isergebirge an. Im Osten das Waldenburger Bergland, Eulengebirge, Heuscheuer, Glatzer-, Reichensteiner- und Adler- sowie Altvatergebirge.

Das Riesengebirge als höchster Teil erstreckt sich über eine Länge von knapp 40 km in west-östliche Richtung von der Quelle des Zacken bis zum Ursprung des Bobers. Der Hauptkamm bildete früher die Grenze zwischen Böhmen und Schlesien, heute die zwischen Polen und Tschechien und erreicht mit der Schneekoppe eine maximale Höhe von 1602 m. Der südlich liegende parallel verlaufende Kamm erreicht nur Höhen bis zu 1500 Metern.
Auf der Nordseite erhebt sich das Gebirge steil über den mehr als 1000 m tiefer gelegenen Hirschberger Talkessel. Die südliche Seite hingegen fällt weniger steil ab, ist stärker zerklüftet, umfasst vielerlei Gebirgskämme und ein weites Vorgebirgsland.

Der westliche Teil des Riesengebirges besteht überwiegend aus Granit, der östliche besteht überwiegend aus Glimmerschiefer und Gneis. Auch enthalten die Riesengebirgsformationen zahlreiche Mineralien und sogar Gold doch spielte der Bergbau keine prägende Rolle in der Region.

Der Hauptkamm des Riesengebirges bildet die Wasserscheide zwischen Ostsee und Nordsee. Die auf der südlichen Seite entspringenden Bäche wie Iser, Mummel und Aupa münden in die, ebenfalls im Riesengebirge entspringende Elbe und mit ihr in die Nordsee. Die Nordseite hingegen mit Bober, Lomnitz und Zacken entwässert in die Oder und somit in die Ostsee. Charakteristisch für die Gebirgsflüsse ist das starke Gefälle, das die Gefahr der Überschwemmung in sich birgt. So wurden die Dörfer und Städte häufig von Hochwasser heimgesucht. Mit dem Bau von Dämmen und Talsperren versuchte man diese Gefahr zu verringern.

Obwohl es sich um ein Mittelgebirge handelt, hat das Riesengebirge durch seine schroffen, kargen Felsen und die tiefen, fast ganzjährig schneebedeckten Gruben teilweise den Charakter eines Hochgebirges. Das raue Klima mit geringen Durchschnittstemperaturen, orkanartigen Winden und plötzlichen Wetterumschwüngen unterstreicht diesen Eindruck. Den klimatischen Bedingungen entsprechend finden sich im Riesengebirge neben der üblichen Mittelgebirgsflora in der Höhe auch typische Hochgebirgspflanzen. Die Baumgrenze liegt bei 1250 – 1300m Höhe, darüber befinden sich Weidehochflächen mit Krüppelholzbewuchs und in den höchsten Regionen Flechten und alpiner Pflanzenbewuchs.

Aufgrund dieser einmaligen Naturbeschaffenheit ist das Riesengebirge seit 1933 als Naturschutzgebiet eingestuft und seit 1959 anerkannter Nationalpark.

Höchster und imposantester Gipfel des Riesengebirges ist die Schneekoppe, die sich mit ihren 1602 m etwa 200 m über die benachbarten Gipfel erhebt. Aufgrund ihrer Höhe und ihrer charakteristischen Gestalt dominiert sie von weither sichtbar das Riesengebirge. Die Erhabenheit des aus sehr beständigem metamorphem Gestein bestehenden Gipfels wird durch die steil abfallenden tiefen Gletscherkessel verstärkt. Die Hänge sind übersät mit scharfkantigen Hornfelsblöcken und bedeckt mit einer kargen alpinen Gebirgsflora, bestehend aus gelber Flechte und verschiedenen Moosarten. Zwischen den Geröllblöcken wachsen Alpenbärlapp, Buschwindröschen, Habichtskraut und Nelkenwurz.

Das im Westen anschließende Isergebirge, das durch den Schreiberhauer Sattel mit dem Riesengebirge verbunden ist, ist diesem vom geologischen Aufbau her sehr ähnlich. Sein Hauptkamm steigt steil an und erreicht Höhen von über 1100 Metern.
Das Waldenburger Bergland, das im Osten anschließt, ist das Bindeglied zwischen dem Riesengebirge und den Gebirgen der Grafschaft Glatz. Es unterscheidet sich deutlich vom Riesen- und Isergebirge, da es nicht eine Bergkette darstellt, sondern von Tälern durchschnittene Einzelgipfel aufweist. Seit dem 19 Jahrhundert baut man die im Untergrund lagernde Steinkohle ab.
Das Eulengebirge, dessen höchste Erhebung die Hohe Eule mit über 1000 m ist, leitet über zu den Gebirgszügen der Grafschaft Glatz. Der Glatzer Kessel wird von Heuscheuer, Adler-, Reichensteiner und Glatzer Schneegebirge eingerahmt.

283

Während das Glatzer Schneegebirge mit Höhen bis zu 1400 m schon alpinen Charakter hat, sind die anderen Gebirgszüge niedriger und fast vollständig bewaldet, nur die Bergrücken des Heuscheuer mit ihren bizarren Felsformationen ragen aus den Wäldern heraus.

Den Abschluss nach Osten bildet schließlich das Altvatergebirge, das viel Ähnlichkeit mit dem Riesengebirge aufweist. Die höchste Erhebung ist der Altvater mit 1492 m Höhe und damit nur wenig niedriger als die Schneekoppe.

Auf ca. 650 m Höhe liegen die Baberhäuser am Fuße des Silberkammes.

Die Kolonie Baberhäuser wurde im Dreißigjährigen Krieg von Glaubensflüchtlingen gegründet.

Von Ober-Kiesewalde bietet sich ein herrlicher Blick auf das westliche Riesengebirge mit den Schneegruben.

Von den Leierbauden oberhalb von Spindelmühle hat man einen schönen Blick auf den Ziegenrücken und ins Elbtal herab.

Im Tal der kleinen Aupa liegt die Mohornmühle, ein gut ausgestattetes Einkehrhaus mit Fremdenzimmern.

Die Mohornmühle liegt auf 760 m Höhe und ist ein Teil des aus mehreren Kolonien bestehenden Ortes Klein-Aupa.

Zu der Ansiedlung der Strickerhäuser bei Schreiberhau gehört auch eine kleine Waldkapelle.

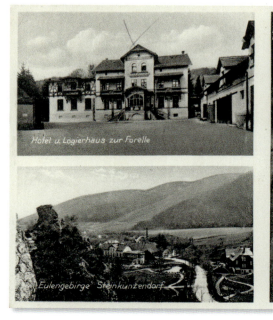

Das Hotel Forelle in Steinkunzendorf im Eulengebirge war seinerzeit auch einen Eintrag in bekannte Reiseführer wert.

Das Naturschutzgebiet Saalwiesen oberhalb von Bielendorf beeindruckt im Sommer durch eine seltene Flora und bietet auch im Winter ein schönes Landschaftsbild.

Der Ort Stonsdorf wird von dem Felskegel des Prudelberges, auf dem der Hirschberger Bildhauer Dähmel einen Bismarckturm errichtete, überragt.

Die Aupa entspringt unterhalb der Schneekoppe auf der böhmischen Seite, die Besiedlung des Tales ist auf den Erzabbau zurückzuführen.

Von der Südseite des Riesengebirges führt der Weg
durch das Aupatal zur Schneekoppe.

Der Wallfahrtsort
Haidebrünnel im
Altvatergebirge liegt hoch
über der Teß; neben
der Wallfahrtskapelle
steht ein Wirtshaus mit
Fremdenzimmern.

Der Bober entspringt auf 742 m Höhe nahe Landeshut und erreicht bei Löwenberg die Ebene.

Der Blaugrund, ein Seitental des Riesengrunds, zieht sich bis zur Geiergucke hinauf.

Die Schneekoppe ist mit 1602 m der höchste Gipfel des Riesengebirges und der Sudeten insgesamt.

Über den Granitfelsen stürzt sich die junge Elbe etwa 50 m in den eiszeitlich bedingten Elbkessel.

Der Blick geht über die Schauerhütte und den Blaugrund hinüber zu den Scheegruben.

Abendstimmung im oberschlesischen Dramatal unweit der Industriestädte Tarnowitz und Gleiwitz.

Tief verschneit liegen die Häuser der einstigen Weberkolonie Euledörfel im Schwarzwassertal beiderseits des Gebirgsbaches.

Das Eulengebirge zieht sich als überwiegend bewaldeter Bergrücken von der Weistritz zur Glatzer Neiße.

Die Ansichtskarte zeigt, welche Attraktionen und Erholungsmöglichkeiten das Eulengebirge bietet. Zahlreiche Bauden laden zur Rast ein.

Das Eulendörfel ist eine ehemalige von Friedrich II. gegründete Weber-Kolonie im Eulengebirge.

Das Heuscheuergebirge hat auf seinen Höhen viele bizarr geformte, herausragende Felsengebilde. Diese Felsfiguren bekamen von der Bevölkerung Namen, entsprechend ihrer Form.

Wie eine Treppe stürzt der Wasserfall in einzelnen Kaskaden mitten im Wald der Heuscheuer herunter.

In der Nähe des Luftkurortes Hain liegt der Gasthof Goldene Aussicht.

293

Der Haimfall ist der weniger bekannte Wasserfall im Riesengebirge, aber durch seine drei Kaskaden besonders reizvoll.

Der Jeschken ist das Wahrzeichen der Stadt Reichenberg, die Jeschkenbaude auf seinem Gipfel hat einen 28 m hohen Aussichtsturm, der eine gute Fernsicht bietet.

Inmitten der Idylle des Isergebirges direkt an der Iser, liegt der beliebte Sommerurlaubsort Hoffnungstal.

Schon zu Anfang des Jahrhunderts machte man sich Gedanken über die Auswirkungen des „Massentourismus", dieser Zeichner nahm es mit Humor.

Bei starken Regenfällen oder während der Schneeschmelze entwickelte der durch den Weißwassergrund fließende Gebirgsbach enorme Kraft.

Um 1900 wurde das Wasser der Kochel gestaut, damit es nach Öffnen der Schleuse in imposanter Menge den Kochelfall hinabstürzen konnte.

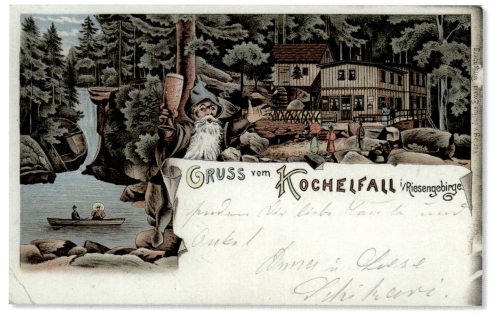

In der Nähe des Zackens stürzt die Kochel 14 m in die Tiefe und bildet den malerischen Wasserfall.

Die Kochel wird aus zehn kleinen Bächen gebildet und mündet in den Zackel.

Bei Krummhübel liegt die Lomnitztalsperre, die Anfang des 20. Jahrhunderts als Schutz gegen Hochwasser gebaut wurde. Ihre idyllische Lage machte sie auch zum beliebten Wanderziel.

Blick von Krummhübel talauswärts zum 628 m hohen Pfaffenberg.

Malerisch stellt sich das Tal der Lomnitz dar, so dass man sich kaum vorstellen kann, welche zerstörende Kraft der Gebirgsfluss bei Hochwasser entwickeln kann.

Auf der Landeskrone bei Görlitz wurde ein Gasthaus im Stil einer Burg errichtet, auf deren einem Turm sich eine Aussichtsplattform befand.

Die Ansichtspostkarte präsentiert das Neißetal als idyllisches Ausflugsziel mit reizvollen Landschaften und Ausflugslokalen.

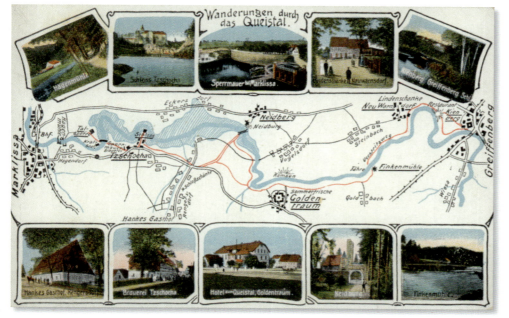

Entlang des im Isergebirge entspringenden Queis gibt es zwischen Marklissa und Greiffenberg viel unberührte Natur und zahlreiche Sehenswürdigkeiten.

298

Die Hirschberger Talbahn endete in Obergiersdorf, von hier aus kann man zahlreiche Wanderungen in die Bergwelt des Riesengebirges unternehmen.

Am Horizont erkennbar ist der 1362 m Hohe Reifträger, der sich im westlichen Riesengebirge hoch über das Isertal erhebt.

Im 16. Jahrhundert wurde im Riesengrund Bergbau betrieben, an einem Stollenausgang wurde eine Bergschmiede errichtet, die später als Gasthaus genutzt wude.

Die klimatischen Bedingungen im Riesengebirge entsprechen denen eines Hochgebirges, so ist das Riesengebirge bekannt für seine plötzlichen Wetterumschwünge.

Beeindruckend wirkt im Winter der Blick von der Schneekoppe hinunter auf die Riesenbaude, ein dunkler Punkt inmitten der Schneemassen.

Wer die Mühe des Aufstiegs zur Schneekoppe nicht scheut, wird durch einen herrlichen Blick auf Krummhübel und die umliegenden Berge belohnt.

Von der Schneekoppe blickt man hinab in den Riesengrund, in dem die Aupa entspringt und auf dessen Talsohle eine üppige und teilweise seltene Gebirgsflora zu finden ist.

Der letzte Anstieg zur Schneekoppe, noch etwa 200 Höhenmeter, verlangen dem Wanderer nochmal einiges ab.

Das auf 530 - 600 m Höhe gelegene Dorf Steinseiffen ist aufgrund seiner ruhigen Lage ein beliebter Ferienort und Ausgangspunkt für Wanderungen.

Vom Stumpengrund blickt man auf den Brunnberg, den mit 1560 m zweithöchsten Berg des Riesengebirges.

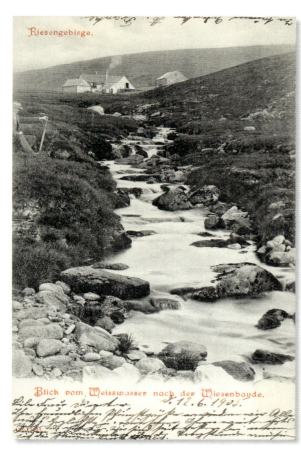

Blick vom Weisswasser nach der Wiesenbaude.

Nahe der Wiesenbaude auf der Weißen Wiese entspringt das Weißwasser, einer der beiden Quellflüsse der Elbe.

Isergebirge, HOCHSTEIN von Schreiberhau, Weißbachtal

Von Schreiberhau führt der Weg durch das Weißbachtal hinauf zum Hochstein.

Der Ort Schreiberhau, bestehend aus mehreren Ortsteilen und Kolonien zieht sich über fast 20 km entlang des Zackens und seiner Seitentäler.

Der Brunnberg fällt nach Osten steil ab, im Westen geht er in einen schmalen Rücken über, auf dem in 1424 m Höhe die Rennerbaude errichtet wurde.

Der Ziegenrücken zieht sich vom Brunnberg etwa vier Kilometer in nordwestliche Richtung bis zum Durchbruch des Elbtales.

Zum malerischen Kochelfall, wo das Wasser aus 13 m Höhe hinabstürzt, führte ein schöner Wanderweg.

Oberhalb von Schreiberhau liegt der malerische Zackelfall, der aus 27 m Höhe herabstürzt.

Der Zackelfall ist der höchste Wasserfall auf der nördlichen Seite des Riesengebirges und eine beliebte Touristenattraktion.

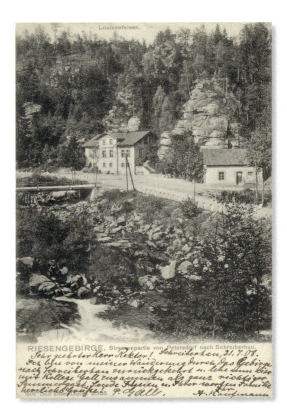

Entlang des Zackens führt die Straße von Petersdorf nach Schreiberhau.

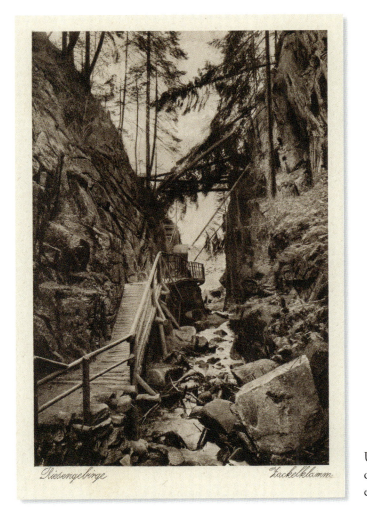

Unterhalb des Zackelfalls fließt der Gebirgsbach durch eine steile Felsenklamm, die man auf einem schmalen Holzsteg durchwandern kann.

Die Siedlung Zillerthal entstand als der König 1837 dieses Gebiet Tiroler Glaubensflüchtlingen zur Verfügung stellte.

Die evangelischen Tiroler, die die Siedlung Zillerthal gründeten, bauten dort Häuser nach heimischem Vorbild.

Auf der sogenannten Siegeshöhe bei Hohenfriedeberg erinnert ein Denkmal an die Schlacht im Zweiten Schlesischen Krieg, in der Friedrich II. Österreich und Sachsen zum Rückzug zwang.

Die sogenannten Dreisteine sind eine dreigeteilte Felsformation, deren malerisches und sonderbares Aussehen in der Verwitterung begründet ist.

Diese markante Felsformation im Heuscheuergebirge wird aufgrund ihrer Form als „Triumpfbogen" bezeichnet.

Die Falkenberge bei Fischbach haben prägenden Charakter für das Hirschberger Tal. Der südlich gelegene Falkenstein trägt auf seinem Gipfel ein eisernes Kreuz.

Aufgrund ihrer bizarren Formen bekamen die Felsen der Heuscheuer vom Volksmund Namen wie „Großvaterstuhl" oder „beladenes Kamel".

Die Pferdekopfsteine sind eine Felsgruppe am Reifträger, die ihren Namen der ungewöhnlichen Form zu verdanken haben.

Im Heuscheuer befindet sich auf ca. 920 m Höhe „Rübezahls Lustgarten", eine steile Treppe führt durch diese Felsenschlucht nach oben.

Die bizarren Formen der Adersbacher Felsen sind durch Erosion der einst kompakten Felsmasse entstanden.

Der Heufuder ist die höchste Erhebung des Isergebirges auf schlesischer Seite und ein beliebtes Wintersportgebiet.

Südlich des Reifträgers ragt die markante Felsformation, die sogenannten Quargsteine, empor.

Einst war der Riesengrund von den Eismassen des Aupagletschers bedeckt.

Der Riesengrund ist der größte eiszeitliche Kessel im Riesengebirge.

Die Bergkuppe des Reifträgers ist mit Felstrümmern bedeckt, deren bizarren Formen ihnen eigentümliche Namen einbrachten, wie die Sausteine an der Nordseite.

Die Schneegruben bestehen aus zwei Felsenkesseln, der Großen Schneegrube und östlich davon der Kleinen Schneegrube, beide sind durch einen schmalen Grat getrennt.

Der kleine Teich unterhalb des Riesenkammes ist ein Relikt der Eiszeit.

Vom Kamm blickt man hinab auf den kleinen Teich und darüber hinweg zur Scheekoppe.

Auf dem Gipfel des 1490 m hohen Altvater, dem höchsten Gipfel des gleichnamigen Gebirges, wurde 1910 ein Aussichtsturm errichtet.

Den außergewöhnlich geformten Wekelsdorfer Felsen wurden ihrer Form entsprechend von der Bevölkerung ein Name gegeben, so auch die Figur des betenden Mönchs.

Der 25 m hohe Bismarckturm auf der „Hohen Eule", der höchsten Erhebung des Eulengebirges, bietet eine schöne Aussicht.

Vom Hochstein hat man einen hervorragenden Blick über das Riesenegebirge und das Hirschberger Tal.

Der Hochstein ist der östlichste Berg des Isergebirgskamms und besteht aus zwei Gipfeln, wovon auf dem einen ein Aussichtsturm steht.

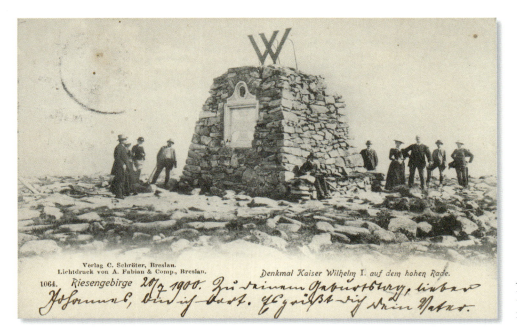

Auf dem 1509 m hohen Gipfel des Hohen Rades wurde 1888 ein Denkmal für Kaiser Wilhelm I. errichtet.

Vom Reifträger führt der Hauptkammweg vorbei an den markanten Granittrümmern, den sogenannten Sausteinen.

Unterhalb des 1425 m hohen Glatzer Schneeberges liegt auf der böhmischen Seite das Liechtensteinhaus.

200 m ragen die Felswände der Schneegruben fast senkrecht in die Höhe, in den Tiefen des Kessels taut auch im Sommer der Schnee nie ganz.

Die Koppenträger mit ihrem schweren Gepäck auf dem Rücken auf dem Weg zur Schneekoppe.

Durch die herabfließenden, eiszeitlichen Gletscher entstanden die tiefen Felsenkessel der Schneegruben.

Die Schneegrubenbaude mit ihrem Aussichtsturm prägt das Bild des Berges, eine erste Baude stand dort bereits 1837.

Auf 1346 m Höhe liegt am Südhang der Veilchenspitze nahe Spindlermühle die Elbquelle.

Die alte Hirtenbaude geht auf das 17. Jahrhundert zurück. 1894 wurde daneben die Schlingelbaude gebaut.

Auf dem Zobtenberg errichtete der Breslauer Kommerzienrat Haase ein Berghotel.

Der Aussichtsturm auf der 1122 m hohen Tafelfichte bietet einen wunderbaren Rundblick über das Isergebirge

1668 veranlasste Graf von Schaffgotsch den Bau einer Kapelle auf der Schneekoppe, die dem Hl. Laurentius geweiht wurde.

Der am meisten begangene Weg auf die Schneekoppe ist der Kammweg vorbei am Schlesierhaus und der Riesenbaude in Serpentinen auf den Gipfel.

Im Riesengebirge findet man viele solcher Gebirgsbauden wie die Bradlerbaude bei Spindelmühle, die zumeist aus alten Hirtenhütten hervorgegangen sind.

Die Brodbaude in Brückenberg liegt auf 820 m Höhe und ist ohne allzu große Mühe erreichbar.

Auf der in das Staubecken der Bobertalsperre bei Mauer hineinreichenden Landzunge liegt die Curt-Bachmann-Baude.

Hoch über dem Elbfall befindet sich die bereits seit 1830 existierende Elbfallbaude auf 1284 m Höhe.

Die auf knapp 900 m Höhe liegende Eulenbaude ist eine anerkannte Jugendherberge gewesen, die hervorragende Wintersportmöglichkeiten bot.

Auf der Hohen Eule, dem höchsten Berg des gleichnamigen Gebirges, lud die Eulenbaude zur Einkehr ein.

Die Grenzbauden boten gute Wintersportmöglichkeiten, so führte von hier aus die erste Hörnerschlittenbahn ins Tal.

Die Grenzbauden gehen auf eine von Religionsflüchtlingen im Dreißigjährigen Krieg gegründete Streusiedlung zurück.

Von der Hochschar hat man einen schönen Blick auf das Tal der Biele mit seinen Reihendörfern als auch auf das Altvatergebirge selbst.

Auf dem Großen Hochstein steht die Hochsteinbaude, die dem Wanderer auch als Nachtquartier offen stand.

Die 1107 m hohe Heufuderbaude steht auf der höchsten Erhebung des Isergebirges und bietet eine hervorragende Aussicht auf das Riesengebirge.

Die Hampelbaude gilt als die älteste der Riesengebirgsbauden, denn schon 1654 stand an dieser Stelle eine Hirtenbaude.

1906 brannte die Hampelbaude ab, wurde aber umgehend wieder aufgebaut und dabei deutlich vergrößert und modernisiert.

Auf 888 m Höhe lag oberhalb von Jakobstal die von dem Baudenwirt August Schmid betriebene Katzensteinbaude.

Die Ludwigsbaude bei Bad Flinsberg wurde 1886 erbaut und nach dem Brand 1911 umgehend wieder aufgebaut.

Die Mädelstegbaude im Weißwassergrund oberhalb von Spindelmühle ist einer der zahlreichen Einkehrmöglichkeiten für Wanderer im Riesengebirge.

Von Krummhübel aus erreicht man durch den waldreichen Melzergrund die Schneekoppe, unterwegs lädt die Melzergrundbaude zur Rast ein.

Das Einkehrhaus im Melzergrund wurde 1902 vollständig von einer Lawine zerstört.

Die Müllermax-Baude war ein gemütliches Einkehrhaus mit Übernachtungsmöglichkeiten zu günstigen Preisen.

Im Eulendörfel liegt die Müllermax-Baude, ein ausgebautes ehemaliges Weberhäuschen.

Unterhalb der Bischoffskoppe wurde die Oberschlesierhütte errichtet, von deren Terrasse sich eine herrliche Aussicht bietet.

Die nach Prinz Heinrich von Preußen, dem Bruder Kaiser Wilhelm II. benannte Baude wurde 1889 eröffnet. Die Baude wurde vom Riesengebirgsverein errichtet.

Von der in 1410 m Höhe gelegenen Prinz-Heinrich-Baude hat man einen hervorragenden Blick zur Schneekoppe.

Die Brüder Ignatz und August Renner bauten 1797 für das Vieh die nach Ihnen benannte Rennerbaude, die im 19. Jahrhundert ausgebaut wurde.

Die erst 1922 errichtete Reifträgerbaude liegt auf 1365 m Höhe und bietet eine gute Sicht auf die umliegenden Gebirgsketten.

Einer der für das Riesengebirge typischen, geschnitzten Wegweiser weist den Weg zur Reifträgerbaude, die bereits am Horizont sichtbar ist.

Auf der böhmischen Seite liegt am Kammweg die bereits 1847 errichtete Riesenbaude.

Von dem kleinen Dorf Karlsberg steigt man über 665 Stufen zum Schweizerhaus hinauf.

Von dem auf einem 30 m hohe Felsen gebauten Schweizerhaus genießt man eine wunderbare Aussicht.

Auf dem Weg zum Königshainer Spitzberg bei Glatz liegt in 450 m Höhe die Schneiderbaude.

Oberhalb von Brückenberg liegt auf 1067 m Höhe die 1894 errichtete Schlingelbaude.

Auf dem Weg zum Glatzer Schneeberg lädt die von Prinzessin Marianne erbaute Schweizerei den Wanderer zum Einkehren ein.

Hoch oben am Rande der steil abfallenden Felswände der Schneegruben auf 1490 m Höhe steht die Schneegrubenbaude.

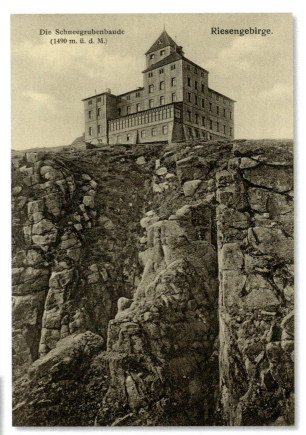

Die charakteristische Silhouette der 1897/98 erbauten Schneegrubenbaude wird durch den siebenstöckigen Aussichtsturm geprägt.

Die Schneegrubenbaude zählt zu den ältesten Berggasthäusern im westlichen Riesengebirge.

332

Tief verschneit liegen das Schlesierhaus auf der schlesischen und die Riesenbaude auf der böhmischen Seite unterhalb der Schneekoppe.

Von dem auf 1394 m Höhe gelegenen Schlesierhaus führt der Weg direkt hinauf auf die Schneekoppe.

Riesengebirge, Schlesierhaus, 1394 m und Schneekoppe 1605 m ü. M.

Das älteste Gebäude auf der Schneekoppe ist die zwischen 1668 und 1681 errichtete und vom Grafen Schaffgotsch gestiftete Laurentiuskapelle.

Zwischen 1880 und 1899 wurde die Wetterstation auf der Schneekoppe errichtet, von der seit dem 1. Juni 1900 regelmäßige Beobachtungen durchgeführt werden.

Die Besteigung der Schneekoppe war für jeden Riesengebirgsurlauber ein „Muss" und zum Beweis brachte man eine Ansichtskartepostkarte mit der Aufschrift „in den Koppenhäusern gekauft" mit.

Auf 1215 m Höhe liegt die Spindlerbaude, ein komfortables Berghotel, das mit der einstigen Hirtenbaude nur noch den Namen gemeinsam hat.

Die 1183 m hoch gelegene Teichbaude am Ufer des Kleinen Teichs entstand Ende des 19. Jahrhunderts.

Die Teichbaude war hinsichtlich ihrer Lage wie auch ihrer Bauart nach, eine der malerischsten, so ist sie auch ein beliebtes Motiv der Künstler gewesen.

Die kleine Teichbaude hat trotz machem Anbau
ihren ursprünglichen Charakter nicht verloren.

Auf einem Plateau
unterhalb des Brunn-
berges liegt die Wiesen-
baude, von der aus man
eine ungehinderte Sicht
auf die Schneekoppe hat.

In der auf 668 m Höhe gelegenen St. Annakapelle wurde jeden Sommer eine Messe abgehalten.

Einen guten Ausgangspunkt für Wanderungen ins Altvatergebirge stellte das auf 877 m Höhe gelegene Einkehr- und Gästehaus „Berggeist" dar.

Unterhalb des Spindlerpasses in 1200 m Höhe lag die Adolfbaude, ein bei Wanderer und Skifahrer beliebtes Einkehrhaus.

Die bereits seit 1770 bestehende Alte Schlesische Baude brannte 1915 aus, und erst mehr als 20 Jahre später wurde ein neues Gebäude errichtet.

Die Alte Schlesische Baude 1168 m. ü. M.

Nach dem Brande am 23. Dez. 1915.

Riesengebirge. Alte schlesische Baude 1168 m. ü. d. M.

Es heißt die 1168 m hoch gelegene Alte Schlesische Baude habe ihren Ursprung in einer Grenzwache.

Das Donat-Denkmal am Großen Teich war dem Begründer des Riesengebirgsvereins Theodor Donat gewidmet.

Der Zobten südwestlich Breslaus, höchster der drei Berge des Zobtengebirges, ist weithin sichtbar und galt den Breslauern als Wetterprophet.

Auf dem Gipfel des 718 m hohen Zobtenberges steht eine Wallfahrtskapelle, die um 1700 erbaut wurde.

337

Die liebevoll geschnitzten Wegweiser waren typische Markierungen für den Wanderer, hier weist eine Eule ihm den Wanderweg zum Gipfel der „Hohen Eule".

Im Riesengebirge war das Schnitzhandwerk weit verbreitet. So gab es entlang der Wanderwege zahlreiche originelle Wegweiser.

Tourismus

Seit Jahrhunderten ist Schlesien Ziel von Reisenden gewesen. Durch die Bedeutung des Handels gelangte mancher Geschäftsreisende nach Schlesien, außerdem zog es Künstler und Literaten dorthin. So weilte auch Goethe in Schlesien und schrieb von dem „zehnfach interessanten Land".

Eine der frühesten Formen des Reisens ist die Wallfahrt, die auch in Schlesien Bedeutung hatte: Bekannte Wallfahrtsziele waren Trebnitz mit dem Grab der Heiligen Hedwig oder Albendorf, das schlesische Jerusalem.

Neben diesen religiösen oder wirtschaftlich bedingten Reisen, spielte das Reisen des Vergnügens wegen nur eine untergeordnete Rolle, konnten es sich, aufgrund des erheblichen Aufwands zeitlicher wie finanzieller Art, doch nur Angehörige einer kleinen erlesenen Bevölkerungsschicht erlauben.

Vom klassischen Tourismus im heutigen Sinne kann erst seit dem ausgehenden 18. Jahrhundert gesprochen werden. Beginnend mit dem Aufenthalt in Kurorten zur Förderung der Gesundheit und in der sogenannten Sommerfrische in den Gebirgsorten, entwickelte sich der Fremdenverkehr langsam zu einem relevanten Wirtschaftszweig bis hin zum „Massentourismus".

In Schlesien waren neben einzelnen Städten, kleineren Kurorte oder Seen vor allem die Vorgebirgs- und Gebirgsregionen beliebte Touristenziele.

Zu allererst ist hier das Riesengebirge zu nennen, das im Sommer wie Winter zahlreiche Urlauber aus nah und fern anzog.

Die Erschließung des Riesengebirges als Fremdenverkehrsregion lässt sich bis ins 17. Jahrhundert zurückverfolgen. Schon zu dieser Zeit reisten Gäste aus dem In- und Ausland an, um bei einer Badekur in Warmbrunn ihre Leiden zu kurieren. Diese unternahmen erste Ausflüge in die nähere Umgebung, zum Kynast, zu Kochel- oder Zackenfall.

Auch der preußische Adel begann sich zu dieser Zeit für die Sommerfrische im Riesengebirge zu begeistern. Sogar die königliche Familie entdeckte das Hirschberger Tal als bevorzugten Aufenthaltsort für die Sommermonate und erwarb nacheinander die Schlösser in Fischbach, Erdmannsdorf und Schildau.

Die Vorliebe der Aristokratie für die Region begünstigte die Entwicklung des Fremdenverkehrs, da bereits früh eine sehr gut ausgebaute Infrastruktur vorhanden war.

Im 19. Jahrhundert avancierte das Riesengebirge dann zum bevorzugten Reiseziel des gehobenen Bürgertums, der Intellektuellen und Künstler. Man entdeckte den Reiz des Bergsteigens und so wurde allein oder in der Gruppe gewandert, zumeist mit einem einheimischen Bergführer. Das bedeutendste Ziel im Riesengebirge war und ist die Schneekoppe, was aus zahlreichen Reisebeschreibungen hervorgeht.

Durch die Fertigstellung der Bahnlinie Berlin-Hirschberg (1866) und Breslau-Hirschberg (1867) erlebte der Fremdenverkehr im Riesengebirge einen deutlichen Aufschwung. Nun war es auch der Masse der Bevölkerung aus den Metropolen möglich in relativ kurzer Zeit und zu erschwinglichen Preisen in die Region zu reisen. Die stellte sich schnell auf die Dienstleistung für Fremde ein, die Infrastruktur wurde ausgebaut, neue Hotels und Pensionen wurden errichtet. Die Bauden, die einst als einfache Unterkünfte für Hirten und Kräutersammler dienten, wurden erweitert und entwickelten sich zu profitablen Gasthöfen und Herbergen.

Eine wichtige Rolle bei der Entwicklung des Fremdenverkehrs spielte der 1880 gegründete Riesengebirgsverein. Er erwarb sich große Verdienste beim Ausbau und der Markierung von Wanderwegen und errichtete Aussichtspunkte.

Um die Jahrhundertwende eroberte dann der Wintersport die Region und führte zu einer ganzjährigen Auslastung durch Touristen. Das Riesengebirge ist das schneereichste und schneesicherste Mittelgebirge in Mitteleuropa. Diese guten Schneeverhältnisse haben wesentlich zur Entwicklung des Wintertourismus im Riesengebirge beigetragen. Lange vor dem Skilaufen, das erst Ende des 19. Jahrhunderts populär wurde, entwickelten sich das Schlittenfahren zum sportlichen Wintervergnügen. Die im Riesengebirge verbreiteten Hörnerschlitten dienten ursprünglich zur Heu- oder Holzbeförderung. Zwischen den nach oben gebogenen Kufen, den „Hörnern", saß der Schlittenführer, hinten saß in teilweise bequemen Sesseln der Fahrgast. 1815 wurde die erste Schlittenbahn zwischen der Grenzbaude und Schmiedeberg eröffnet. Der Erfolg dieser Schlittenbahn führte dazu, dass weitere gebaut wurden. Ende des Jahrhunderts verbreiteten sich auch die Sportschlitten, so dass für diese neue Schlitten- und Rodelbahnen eingerichtet wurden. Etwa gleichzeitig verbreitete sich auch der Skisport im Riesengebirge, 1896 wurde dort der erste „Verein deutscher Skiläufer" gegründet. Die nötige Infrastruktur wurde bald gebaut. So entstand 1905 die erste Skisprungschanze auf der Grenzwiese. Nach dem Ersten Weltkrieg entwickelte sich der Skisport zum Massensport und bald wurden die ersten Skilifte gebaut. Bis heute ist das Riesengebirge bei den Freizeitsportlern als Winterskigebiet beliebt.

Auch die anderen schlesischen Gebirge wie das Isergebirge, die Heuscheuer oder das Eulengebirge entwickelten sich mit dem Ausbau der Eisenbahnverbindungen zu beliebten Urlaubszielen, wenn sie auch an die Bedeutung des Riesengebirges nicht herankamen. Insbesondere die Grafschaft Glatz konnte durch die zahlreichen Heilbäder, die sich im Laufe des 19. Jahrhunderts zu mondänen Kurorten entwickelten, viele Urlaubsgäste verzeichnen. In dieser Zeit entstanden prachtvolle Bade- und Kurhäuser mit weitläufigen Parkanlagen, Luxushotels und Sportstätten. Die Badeorte waren ein beliebter Treffpunkt der Gesellschaft. Für die Gäste wurden Konzerte, Bälle und Tanzveranstaltungen gegeben. Auch Künstler und Dichter reisen in die Bäder. Chopin hielt sich 1826 zum Beispiel zur Kur in Bad Reinerz auf und gab dort sein erstes öffentliches Konzert in Deutschland. Prominente Gäste wie Holtei, Mendelssohn-Bartholdy, Friedrich der Große und Friedrich Wilhelm III. verweilten teilweise mehrfach in den schlesischen Bädern.

Bis heute sind die schlesischen Gebirge beliebte Urlaubsziele und viele der einstigen Badeorte sind auch heute noch bei Kurgästen beliebt.

Die Wallfahrtskirche St. Anna in Rosenberg O/S gilt als architektonische Besonderheit unter den Schrotholzkirchen.

Der Annaberg ist mit 410 m der höchste Punkt Oberschlesiens und ein bekanntes Wallfahrtsziel. Die erste Kapelle ist 1516 dort nachgewiesen.

Das Franziskanerkloster auf dem Annaberg in seiner heutigen Form wurde zwischen 1733 und 1749 erbaut.

Auf dem Annaberg errichteten Franziskaner ein Kloster, in dessen Kirche eine aus dem 15. Jahrhundert stammende Holzfigur der Heiligen Anna verehrt wird.

Die aus dem 17. Jahrhundert stammende Josephskirche in Grüssau ist mit Deckenfresken des schlesischen Barockmalers Michael Willmann ausgestattet.

Das Edikt des preußischen Königs hob 1810 die Abtei
Grüssau wie zahlreiche ander Köster im Bistum Breslau auf.

Die Klosterkirche in
Grüssau ist die größte
Barockkirche Schlesiens
und wurde zwischen
1727 und 1735
errichtet.

Im Jahr 1292 gründeten Zisterziensermönche aus Heinrichau das Kloster in Grüssau.

Die Choranlage der Klosterkirche Heinrichau stammt noch aus dem 13. Jahrhundert, der Turm wurde erst 1608 angebaut.

Mit dem Neubau der Prälatur erhielt auch die bis dahin turmlose Klosterkirche in Leubus eine barocke Fassade mit zwei Türmen.

Schon Joseph Freiherr von Eichendorff zeigte sich beeindruckt von dem Anblick des barocken Klosters Leubus von der Oder aus gesehen.

Neben dem barocken Klosterbau gehörten zur Anlage in Leubus auch zahlreiche Wirtschaftsgebäude, die nach der Säkularisation Landgestüt wurden.

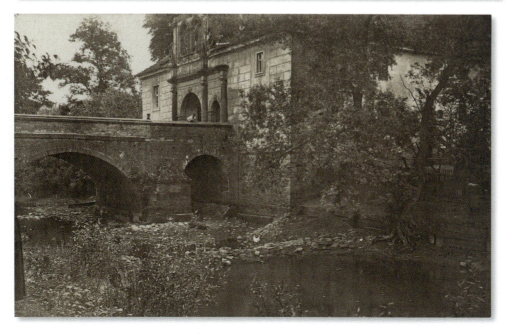

Das zweigeschossige Torhaus des Klosters Leubus stammt aus dem Jahr 1601.

1249 kamen Zisterziensermönche aus Leubus nach Kamenz und gründeten dort ein Tochterkloster.

Portal des in den Jahren 1697-1726 entstandenen Stiftsgebäudes des Zisterzienserinnenklosters in Trebnitz.

Die dreischiffige Basilika des Klosters in Trebnitz entstand zwischen 1203 und 1240, der mächtige Turm wurde jedoch erst 1785 errichtet.

Die monumentale barocke Klosteranlage in Trebnitz entstand zwischen 1679 und 1725.

Das Wallfahrtskirchlein Maria Schnee nördlich von Wölfelsgrund beherbergt eine Nachbildung des Muttergottesbildes aus Mariazell.

Die Kirche Maria Schnee wurde 1782 erbaut und bekam um 1897 den von Müncher Künstlern erschaffenen Gnadenaltar.

346

Der in der Grafschaft Glatz gelegen Ort Wartha ist berühmt durch seine Barocke Wallfahrtskirche.

1905 wurden die Rosenkranzkapellen auf dem Rosenberg in Wartha errichtet.

Blickfang der 1686-1704 entstandenen Wallfahrtskirche in Wartha ist die gewaltige Orgel mit 3000 Pfeifen.

347

Die Kirche Wang bei Brückenberg liegt auf 885 m Höhe und ist zu einem der Wahrzeichen des Riesengebirges geworden.

Auf Initiative der Gräfin Reden wurde die Stabholzkirche aus dem norwegischen Drontheim ins Riesengebirge geholt.

König Friedrich Wilhelm IV. schenkte die hölzerne Kirche der neu gegründeten evangelischen Gemeinde für die Bewohner der abgelegenen Bergdörfer.

König Friedrich Wilhelm III. erwarb 1832 das Gut Erdmannsdorf und liess das Herrenhaus von Schinkel im englischen Stil umbauen.

Das Schloß in Hohlstein im Bober Katzbach-Gebirge entstand im 16. Jahrhundert und beherbergte manch bekannten Gast.

Das Renaissanceschloss in Halbau wurde 1626 errichtet und nach 1902 erweitert.

Das 1305 erbaute Schloss Herzogswalde bei Grottkau wurde in der zweiten Hälfte des 19. Jahrhunderts umgebaut.

Das Bolzenschloss bei Jannowitz. Ende des 14. Jahrhunderts erbaut, ist seit der Eroberung durch die Schweden 1645 eine Ruine.

Das von Schinkel 1838 begonnene Schloß Kamenz wurde aufgrund seiner Form im Volksmund auch „die umgestülpte Kommode" genannt.

Das Schloss Matzdorf wurde zwischen 1834-38 im klassizistischen Stil ausgebaut und um die Jahrhundertwende nochmal erweitert.

Nach dem Brand 1896 wurde das ursprünglich barocke Schloss Moschen in späthistoristischem Stil wieder aufgebaut und nacheinander um einen Ost- und Westflügel erweitert.

In der ersten Hälfte des 19. Jahrhunderts wurde das säkularisierte Kloster Rauden zum herzoglichen Schloss ausgebaut.

Mit dem Bau des im Kreis Glogau befindlichen Schloß Saabor wurde 1677 begonnen, nach einem Brand 1745 wurde es umgestaltet.

Das im 17. Jahrhundert errichtete Schloss Sibyllenort wurde nach 1852 im Tudor-Stil erweitert und deshalb auch als das „schlesische Windsor" bezeichnet.

Das an der Oder gelegene Schloss Dyhernfurth wurde um 1850 von einem französischen Architekten im Stil der Loireschlösser umgebaut.

Die drei aus dem 13. bzw. 14. Jahrhundert stammenden Burgen Bolkoburg, Schweinhausburg, Burg Nimmersath befanden sich alle im Kreis Jauer/Bolkenhain.

Der Bau der alten Burg Fürstenstein erfolgte 1796 nach einem Entwurf von Christian Wilhelm Tischbein.

Die Burg Greiffenstein stammt aus dem 12. Jahrhundert und war als Grenzfestung in den diversen kriegerischen Auseinandersetzungen häufig belagert.

Über dem rechten Ufer des Queis thront auf einem 425 m hohen Basaltfelsen die Burgruine Greiffenstein.

Oberhalb des Ortes Hermsdorf liegt die sagenumwobene Ruine der Burg Kynast.

Im 13. Jahrhundert erbauten die Bolkonen hoch über dem Zacken eine Burg, die bald in den Besitz der Familie Schaffgotsch überging.

In 657 m Höhe thront auf einem Granitkegel über dem Höllengrund die Burgruine Kynast.

Die Kynast-Sage erzählt von der hartherzigen Kunigunde, die ihre Verehrer auf der Burgmauer reiten ließ, wobei diese dann zu Tode stürtzten.

Seit 1675 der Blitz in die aus dem Mittelalter stammende Burg Kynast eingeschlagen ist, wurde sie nicht mehr bewohnt.

Hoch über dem Weistritztal auf 450 m Höhe ergeht sich die vermutlich von Bolko I. erbaute Kynsburg.

Die Kynsburg, die seit 1852 im Besitz der Freiherren von Zedlitz war, war ein beliebtes Touristenziel.

Die Kynsburg wurde einst zur Verteidigung des Herzogtums Schweidnitz gegen Böhmen erbaut.

Die Lukasmühle war einst Sitz der Künstlervereinigung St. Lukas, in der sich viele der Riesengebirgsmaler sowie Literaten in den 1920er Jahren zusammenschlossen.

Die Schädelkapelle in Tscherbeney wurde 1776 erbaut und mit Schädeln von Pestopfern und Gefallenen aus dem 7-jährigen Krieg ausgekleidet.

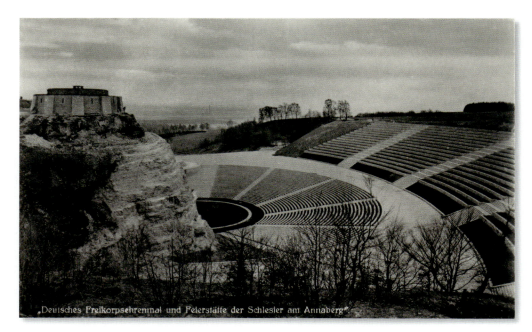

Das 1934 erbaute Ehrenmal auf dem Annaberg erinnert an den Kampf um Oberschlesien nach der Volksabstimmung 1921.

Das Kurhaus in Görbersdorf im Waldenburger Bergland wurde 1877 zur Lungenheilanstalt ausgebaut, weitere Sanatorien folgten.

Die Höhenluft war gut zur Heilung von allerlei Leiden, so entstanden in den Gebirgsorten wie hier in Hohenwiese zahlreiche Erholungsheime.

Zwischen 1813 und 1821 lebte der schlesische Dichter Carl von Holtei in Obernigk, es waren prägende Jahre seiner dichterischen Tätigkeit.

Vor dem Kurhaus des beliebten Herzbades Bad Altheide flanieren die Kurgäste.

Auf 772 m Höhe liegt die Darre-Talsperre im Isergebirge. Der idyllische See lädt auch zu einer kleinen Bootsfahrt ein.

359

Der Ottmachauer Stausee wurde 1933 fertiggestellt und diente der Regulierung des Wasserstandes der Oder.

Außer zur Wasserregulierung der Oder, diente der Ottmachauer Stausee vor allem den Bewohnern des Großraum Neisse als Naherholungsgebiet.

Von Tannwald aus erreicht man in einer guten Stunde die Stephanshöhe mit dem gotischen Aussichtsturm.

Der Baudenwirt Heinrich Rübertsch von der in 1084 m Höhe gelegenen Hohe Mense-Baude bei Bad Reinerz.

Um den Zobtenberg zu besteigen bieten sich unterschiedliche Möglichkeiten, eine der bequemeren ist der Aufstieg mit dem Esel.

Auf den Höhen des Isergebirges bei Neudrof befindet sich die Isergebirgsbaude.

Eines der bekanntesten Einkehrhäuser des Heuscheuergebirges war das Stiebler's Waldhaus.

Neben dem Aussichtsturm auf der Hohen Mense liegt die Hohe Mense Baude, die auch im Winter für Skiwanderer offen steht.

Aufziehendes Wetter bei der „Neuen Schlesischen Baude".

Die um 1787 entstandene „Neue Schlesische Baude" war zunächst eine Hirtenhütte, die am Weg zur Elbquelle lag.

Die „Neue Schlesische Baude" hat sich bald zur größten Herberge im schlesischen Teil des Gebirges entwickelt.

Rund um die auf 1424 m Höhe gelegene Rennerbaude genossen im Winter die Skifahrer die malerische Aussicht.

Die Peterbaude erfreute sich besonders im Winter großer Beliebtheit, so starteten viele von hier ihre Abfahrt mit dem Hörnerschlitten.

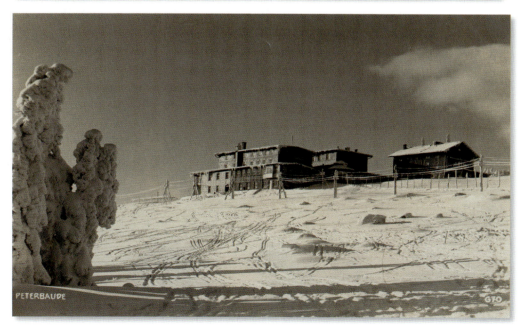

Die Peterbaude wurde 1811 durch Johannes Petermann errichtet und in den späteren Jahren zweimal umgebaut.

Der gemütliche Speisesaal der 1400 m hoch gelegenen Prinz-Heinrich-Baude.

Auch die 1400 m hohe Prinz-Heinrich-Baude stand nicht nur im Sommer den Wanderern, sondern auch im Winter den Ski- und Schlittenfahrern offen.

Als der Skisport in den 1920er Jahren an Popularität gewann, wurden die ersten Skilifte gebaut, so führte auch einer zur „Neuen Schlesischen Baude".

Von Giersdorf aus erreicht man die auf 620 m Höhe gelegene Tannenbaude, eine gemütliche Gaststätte.

Die Teichmannbaude war ein zwischen Krummhübel und Brückenberg gelegenes Berg-Hotel, das besonders für Wintersportler zahlreiche Möglichkeiten bot.

Wenn auch die Bezeichnung „Baude" rustikale Gemütlichkeit vermuten lässt, so war die Teichmannbaude doch ein gehobenes Hotel.

Das Hotel Teichmannbaude liegt in malerischer Umgebung und bietet die Aussicht auf die Schneekoppe.

Durch die Zackelklamm erreicht man den malerischen Wasserfall, an dessen Seite sich die auch im Winter geöffnete Zackelfallbaude befand.

In dem für die Glasherstellung bekannten Ort Petersdorf im Riesengebirge gab es auch eine Jugendherberge, wo man zu günstigen Preisen übernachten konnte.

Oberhalb von Krummhübel am Fuße des Riesenkammes liegt auf 600 m das Gebirgsbaudendorf Wolfshau.

In 815 m Höhe lag das Dorf Brückenberg, das sich aufgrund seiner idyllischen Lage zu einem beliebten Urlaubsort entwickelte.

Der Fremdenverkehrsort Brückenberg war bei allen Wintersportlern sehr beliebt, bot er doch ideale Bedingungen.

Im Eulengebirge befand sich ein Ferienheim, das Klubhäuserl, des ersten Breslauer Rudervereins.

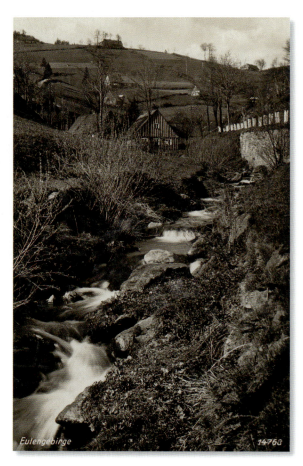

Die Hänge des Eulengebirges sind überwiegend bewaldet, doch finden sich in den unteren Lagen auch saftige Weiden.

Vom Berghotel Hainberghöhe oberhalb von Giersdorf bietet sich dem Gast ein wunderbarer Blick auf die Schneekoppe.

Etwa eine halbe Stunde Wanderzeit von Grüssau entfernt, liegt das Restaurant und Gästehaus Bethlehem.

Der Gasthof „Goldener Frieden" in Haselbach bei Landeshut, bietet laut eigener Werbung „Fremdenzimmer zu soliden Preisen".

Das kleine Dörfchen Heudorf im Glatzer Schneegebirge liegt auf 900 m Höhe und laut Ansichtspostkarte im „schönsten Skigelände".

Wer den Schaden hat, braucht für den Spott nicht zu sorgen, Skifahrerfreuden in Oberschreiberhau.

Von der Skipiste blickt man auf den kleinen im Sommer wie im Winter beliebten Ferienort Spindelmühle.

Kurgäste halten sich in Bad Schwarzbach, vor allem in den Sommermonaten, der Quellen und der gesunden Luft wegen auf. Im Winter sind die ca. 300 Einwohner unter sich.

Flinsberg: Vom „Gasthaus zur Germania" bei Bad Flinsberg führte direkt eine Rodelbahn ins Tal.

In Oberbrückenberg hatte man aufgrund der Höhe lange Schnee und Gäste wie Einheimische wussten die Vorteile zu nutzen: ob mit Schlitten oder Skiern.

373

Wagemutiger Skispringer beim Schneeschuhwettlauf in Schreiberhau im Jahr 1905.

Vor der Daftebaude, unterhalb des Mädelkamms starten zahlreiche Skiläufer und Rodler ins Wintervergügen.

Rund um die oberhalb von Brückenberg gelegene Brodbaude lässt sich vortrefflich dem Wintersport nachgehen.

Eine hervorragende Ausgangslage für alle Wintersportaktivitäten bietet die auf über 1200 m Höhe gelegene Fuchsbaude.

Das Skigebiet rund um die Schlingelbaude oberhalb des beliebten Ferienortes Brückenberg liegt auf über 1000 m Höhe und garantiert damit lange Schneesicherheit.

Eine Besonderheit des Riesengebirges waren die ursprünglich zur Heu- und Holzbeförderung gedachten Hörnerschlitten, mit denen man zu Tal fahren konnte.

Herzlich willkommen im Haus Schlesien

Ihr kultureller Treffpunkt im Siebengebirge

Erleben Sie die besondere Atmosphäre im Kultur- und Bildungszentrum HAUS SCHLESIEN. Hier finden Sie alles was Ihr Herz begehrt: Das Museum für schlesische Landeskunde, die Bibliothek, Gästezimmer und das Restaurant „Rübezahlstube".

Das Museum für schlesische Landeskunde ermöglicht einen umfangreichen Einblick in die Kunst- und Kulturgeschichte Schlesiens. Es präsentiert eine in Deutschland einzigartige Sammlung von schlesischem Kunsthandwerk aus sieben Jahrhunderten.

Öffnungszeiten des Museums:
Dienstag – Freitag
10-12 Uhr + 13-17 Uhr
Samstag, Sonn- und Feiertags
11-18 Uhr

Benutzung der Bibliothek auf Anfrage

Für Erwachsene, Jugendliche und Kinder können Führungen gebucht werden

Unter anderem sind kostbare Silberschmiedearbeiten, Gläser aus dem Riesengebirge, Keramik, Porzellan sowie Möbel zu sehen.

Zeugnisse der Volkskunst, Industriegeschichte und Alltagskultur machen mit den Lebensverhältnissen im früheren deutschen Osten bekannt.

Ergänzend zur Dauerausstellung werden regelmäßig Sonderausstellungen zu landeskundlichen Themen gezeigt.

HAUS SCHLESIEN
Dollendorfer Str. 412 • 53639 Königswinter
Tel.: 02244/886-0 • Fax: 02244/886-100
E-Mail: info@hausschlesien.de • www.hausschlesien.de